会计类（图解版）职业教育精品规划教材

会计综合实训

主编 罗平

北京理工大学出版社
BEIJING INSTITUTE OF TECHNOLOGY PRESS

版权专有　侵权必究

图书在版编目（CIP）数据

会计综合实训/罗平主编.—北京：北京理工大学出版社，2018.1
ISBN 978-7-5682-5074-0

Ⅰ.①会⋯　Ⅱ.①罗⋯　Ⅲ.①会计学－职业教育－教材　Ⅳ.①F230

中国版本图书馆CIP数据核字（2017）第315562号

出版发行 / 北京理工大学出版社有限责任公司
社　　址 / 北京市海淀区中关村南大街5号
邮　　编 / 100081
电　　话 / （010）68914775（总编室）
　　　　　（010）82562903（教材售后服务热线）
　　　　　（010）68948351（其他图书服务热线）
网　　址 / http：//www.bitpress.com.cn
经　　销 / 全国各地新华书店
印　　刷 / 定州启航印刷有限公司
开　　本 / 787毫米×1092毫米　1/16
印　　张 / 5　　　　　　　　　　　　　　　　　　　责任编辑 / 杜春英
字　　数 / 100千字　　　　　　　　　　　　　　　　文案编辑 / 孟祥雪
版　　次 / 2018年1月第1版　2018年1月第1次印刷　　责任校对 / 周瑞红
定　　价 / 18.00元　　　　　　　　　　　　　　　　责任印制 / 边心超

图书出现印装质量问题，请拨打售后服务热线，本社负责调换

前言 PREFACE

针对我国中职教育财务会计专业存在的重理论轻实践、教材陈旧、知识老化、案例数据过时、缺乏创新、缺乏贴近企业实际等问题，我们按照项目教学要求，组织多年在一线从事教学的主讲教师编写了《会计综合实训》这本教材。

《会计综合实训》是以职业为导向，在对各类企事业单位财会工作人员的岗位要求做了充分调研和分析的基础上，通过对会计岗位工作任务和职业能力的分析，围绕会计岗位任职人员所需的理论知识和职业能力进行构思和编写。本书结构打破了传统的按"会计六要素"编制的体系，按照实际会计岗位应完成的工作项目和工作任务编排。通过实训，学生在校就能了解和熟悉特定会计岗位做哪些事、先做什么、后做什么、怎么做等实际问题。教材内容充分体现了用人单位对会计人才的要求，突出实用性和针对性，力求淡化理论、强化实践、重视能力、实现课堂教学与企业需要的对接，让师生通过共同实施一个完整的项目而进行教学活动。

本教材以新颁布的企业会计准则体系及《企业会计准则——应用指南》为依据，根据职业教育的特点和要求，突出基本理论，强调能力培养，力求反映新企业会计准则体系的指导思想和宗旨，具有较强的应用性和可操作性。全书按项目教学，共分为九部分，其内容包括：往来结算岗位实训、存货核算岗位实训、固定资产核算岗位实训、薪酬核算岗位实训、资金核算岗位实训、财务成果核算岗位实训、稽核岗位实训、总账报表岗位实训和会计档案管理岗位实训。从教学方法看，教师在实践中探索出了一条适合学校的教学模式；从师资上看，学校选派高素质教师担任主讲。总之，从课程内容设计、师资结构及教学方法等方面的改革创新实现上看，我们与四川省内外同类课程相比处于领先水平。

　　本教材主编罗平，是具有多年会计相关课程的教学与实践工作者，对中职的教学要求和教学内容非常熟悉。本教材在编写过程中，得到了上海职教研究所杨黎明教授的指导帮助，在此表示感谢！

　　由于学识水平有限，加之时间仓促，书中难免存在疏漏之处，恳请读者批评指正。

编　者

目 录 CONTENTS

会计岗位实训

一、项目任务 ·· 1

二、项目要求 ·· 1

三、项目分析 ·· 2

四、项目路径和步骤 ·· 2

五、项目实施和评价 ·· 3

六、项目作业 ·· 5

七、项目拓展 ·· 5

八、项目资料 ·· 5

会计岗位实训

一、项目任务

信达工厂为增值税一般纳税人，电话：87777796，开户银行为市工商银行文二路办事处，账号：888345678911，税务登记号：6666777788889999。该工厂2009年12月发生了往来结算、存货核算、固定资产核算、薪酬核算、资金核算、财务成果核算、稽核、总账报表、会计档案管理的经济业务，试对该工厂2009年12月的往来结算、存货、固定资产、薪酬、资金、财务成果、稽核、总账报表和会计档案管理的经济业务进行处理。

注：详见项目资料。

二、项目要求

（一）时间要求

（1）往来结算岗位实训：建议12课时。

（2）存货核算岗位实训：建议12课时。

（3）固定资产核算岗位实训：建议12课时。

（4）薪酬核算岗位实训：建议12课时。

（5）资金核算岗位实训：建议12课时。

（6）财务成果核算岗位实训：建议18课时。

（7）稽核岗位实训：建议6课时。

（8）总账报表岗位实训：建议12课时。

（9）会计档案管理岗位实训：建议6课时。

（二）质量要求

（1）书写规范；

（2）数字正确；

（3）制单完整；

（4）账簿整洁。

（三）保密要求

（1）严守机密；

（2）客观公正；

（3）谦虚谨慎。

（四）会计法规的要求

（1）遵章守纪；

（2）真实客观；

（3）合法有效。

（五）会计文化建设要求

（1）爱岗敬业；

（2）诚实守信；

（3）不做假账。

三、项目分析

会计岗位实训主要包括往来结算岗位实训、存货核算岗位实训、固定资产核算岗位实训、薪酬核算岗位实训、资金核算岗位实训、财务成果核算岗位实训、稽核岗位实训、总账报表岗位实训和会计档案管理岗位实训项目。通过会计岗位模拟实训，学生能够掌握扎实的会计理论知识和较强的实际操作技能。

四、项目路径和步骤

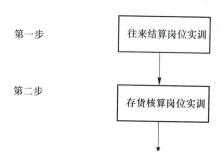

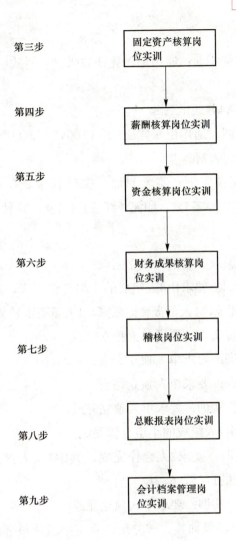

五、项目实施和评价

（一）工具、材料

（1）往来结算岗位实训：通用记账凭证13张、三栏式明细账账页10张、多栏式明细账账页3张。

（2）存货核算岗位实训：通用记账凭证10张、数量金额式明细账账页4张、三栏式明细账账页3张。

（3）固定资产核算岗位实训：通用记账凭证11张、三栏式明细账账页10张、多栏式明细账账页2张。

（4）薪酬核算岗位实训：通用记账凭证20张、三栏式明细账账页20张、多栏式明细账账页15张。

（5）资金核算岗位实训：通用记账凭证10张、三栏式明细账账页10张、多栏式明细账账页2张。

（6）财务成果核算岗位实训：通用记账凭证33张、三栏式明细账账页31张、库存商品明细账账页2张。

（7）稽核岗位实训：A4普通纸2张。

（8）总账报表岗位实训：通用记账凭证1本（100张）、总账1本、科目汇总表2张、空白资产负债表2张、空白利润表2张。

（9）会计档案管理岗位实训：案卷封面、文件目录表、备考表、装订机等；票夹50个，私章1枚，科目章、通用章各1盒，印泥（红蓝）各1盒，算盘1个。

（二）组织

（1）往来结算岗位实训：要求单人独立完成。

（2）存货核算岗位实训：要求由4人组成的小组合作完成，其中1人负责填写收料单和领料单，1人负责编制记账凭证，1人负责登记账簿，1人负责审核凭证和账簿登记。

（3）固定资产核算岗位实训：要求单人独立完成。

（4）薪酬核算岗位实训：要求单人独立完成。

（5）资金核算岗位实训：要求单人独立完成。

（6）财务成果核算岗位实训：要求单人独立完成。

（7）稽核岗位实训：由4人组成的小组合作完成。

（8）总账报表岗位实训：要求2人合作完成，其中1人负责完成实训要求中的2、3、4，1人负责完成实训要求中的1、5、6、7。

（9）会计档案管理岗位实训：要求单人独立完成。

以小组为单位独立完成，以抽签方式分组，确定小组成员和组长，组长负责管理本组操作和学习以及评定小组成员的作业成绩。

（三）评价

学生成绩评价表如表1-1所示。

表1-1　学生成绩评价表

项目名称_____　　　　　学号_____　　　　　姓名_____

评价项目		分值	自我评价	小组评价	教师评价
时间要求		5			
质量要求	书写规范	20			
	数字正确	20			
	制单完整	20			
	账簿整洁	20			
保密要求		5			
会计法规要求		5			
会计文化建设要求		5			

六、项目作业

略。

七、项目拓展

略。

八、项目资料

项目资料（一）

往来结算岗位实训资料

项目理论链接1：往来结算岗位实训目的

通过实训，学生可以掌握以下技能，可以胜任往来结算岗位的工作：

（1）熟悉银行结算凭证，明确结算业务的工作程序；

（2）掌握有关票证的填制和审核方法以及应收款项的核算方法等。

2009年12月，信达工厂发生经济业务如下：外购材料通过"在途物资"和"原材料"账户核算；坏账损失采用备抵法核算，坏账准备金按年底应收账款余额的5‰提取。

（1）2日，收到上月委托银行收取的销货款387 500元（见表1-2）。

表1-2 委托银行收款结算凭证（收账通知）

委托日期：2009年11月22日　　　　　　　　　　　　　委收号码：005437

收款单位	全　称	信达工厂		付款单位	全　称	鼎天公司									
	账　号	888345678911			账　号	82860834727									
	开户银行	市工行文二路办事处	行号 2875		开户银行	市工行庐山路营业部									
托收金额	人民币（大写）：叁拾捌万柒仟伍佰圆整					千	百	十	万	千	百	十	元	角	分
						￥		3	8	7	5	0	0	0	0
款项类型	货款及运费	委托收款凭证名称	发票运单		附寄单证张数	3									
备注：			上列款项： 1. 已全部收回，划入你方账户。 2. 已收回部分款项，划入你方账户。 3. 全部未收妥。 （收款单位开户行盖章）		科目：_____ 对方科目：_____ 转账：　年　月　日 单位主管：　会计： 复核：　记账：										

款单位开户行　　　　　　收到日期：2009年12月2日　　　支付日期：2009年11月29日

（2）3日，向东方钢铁厂承付购料款250 000元。其中，货款及增值税234 000元，运费16 000元（见表1-3～表1-5）。

表1-3　中国工商银行托收承付结算凭证（承付支款通知）

委托日期：2009年11月22日　　　　　　　　　　　　　　　　委收号码：005386

收款单位	全称	东方钢铁厂	付款单位	全称	信达工厂								此联是付款单位开户银行通知付款单位按期承付货款的承付（支款）通知
	账号	3604725968		账号	888345678911								
	开户银行	市工行凯江路办事处		开户银行	市工行文二路办事处			行号			2875		
金额	人民币（大写）：贰拾伍万圆整				千	百	十	万	千	百	十	元	角	分
						¥	2	5	0	0	0	0	0	0
附件		商品发运情况			合同名称号码								
附寄单证张数或册数：	3	铁路托运											
备注：		付款单位注意： 1. 根据结算方式规定，上列托收款项，在承付期限内未拒付的，即视为全部承付。如系全额支付，则以此联代支款通知；如遇延付或部分支付，则由银行另送延付或部分支付的支款通知。 2. 如遇提前承付或多承付，则应另写书面通知送银行办理。 3. 如系全部或部分拒付，则应在承付期限内另填拒绝承付理由送银行办理。												

单位主管：　　　　会计：王英　　　　复核：　　　　记账：　　　　付款单位开户行盖章：

表1-4　××省增值税专用发票

发　票　联

开票日期：2009年11月22日　　　　　　　　　　　　　　　　No：089547

购货单位	名称	信达工厂		纳税人登记号		6666777788889999														
	地址、电话	市玉泉路300号　87777796		开户银行及账号		市工行文二路办事处　888345678911														
商品或劳务名称		计量单位	数量	单价	金额								税率/%	税额						
					百	十	万	千	百	十	元	角	分		十	万	千	百	十	元	角	分
φ25mm圆钢		t	100	2 000		2	0	0	0	0	0	0	0	17		3	4	0	0	0	0	0
合计					¥	2	0	0	0	0	0	0	0		¥	3	4	0	0	0	0	0
价税合计（大写）		贰拾叁万肆仟圆整											¥234 000.00									
销货单位	名称	东方钢铁厂		纳税人登记号		2602513010135268														
	地址、电话	市东区　82137956		开户银行及账号		工行分行　3604725968														

收款人：王娜　　　　　　　　　开票人：　　　　　　　　　开票单位（未盖章无效）：

表1-5 货 运 票

托运人：		发站：		到站：		收货人：		货票第032号	
托运人填写						承运人填写			
发站		市北站	到站		市东站	车种车号		货车标重	
到站所属省市自治区				××省		施封号码			
托运人	名称			东方钢铁厂		经由		铁路货车篷布号码	
	住址		电话						
收货人	名称			信达工厂		运价里程		集装箱号码	
	住址		电话						
货物名称	件数	包装	货物价格	托运人确定质量/kg		现付费用			
						费别	金额/元	费别	金额/元
φ25mm圆钢				100 000		运费	15 425.00	保价费	160.00
								新路均摊	415.00
合计						合计		￥16 000.00	
托运人签约须知见背面				托运人盖章或签字：李勇 到站交付日期： 2009年11月22日			发站承运日期： 2009年11月22日		

（3）8日，职工刘月报销差旅费，原借款500元，报销418元，交回现金82元（见表1-6、表1-7）。

表1-6 差旅费报销凭证

部门：业务科　　　　　　时间：2009年12月8日　　　　　　　　　单位：元

出差人：刘月						地点：长沙			
起点			终点			交通工具	报销项目	单据张数	金额	备注
起点	月	日	终点	月	日		火车票	2	192.00	
海州	12	5	长沙	12	7	火车	长途汽车			
						汽车	市内汽车	8	25.00	
							船票			
							住宿费	2	201.00	
							车票补助			
							合计		418.00	

总计金额（大写）：肆佰壹拾捌圆整

主管：杨晓军　　　　　复核：　　　　　　　负责人：刘辉　　　　　　报销人：刘月

表1-7 借款结算联

借款结算联	
借款人	刘月
日期	2009年12月8日
金额	
借款金额	500.00
报销金额	418.00
交回金额	82.00
结付金额	
借款人签章	刘月

借款结清后，将"借款结算联"撕下，留会计处作转账依据。

（4）10日，收回鼎天公司欠款800元，预收刘亚东交的零星购货款702元（见表1-8、表1-9）。

表1-8 收　　据

2009年12月10日　　　　　　　　　　　　　　　　　　No：0235163

交款单位：	鼎天公司	交款方式：	现金
人民币（大写）：	捌佰圆整		￥800.00
收款事由：	收回欠款		

主管：　　财务：　　记账：　　出纳：　　审核：　　经办人：刘天娥

表1-9 收　　据

2009年12月10日　　　　　　　　　　　　　　　　　　No：0235164

交款单位：	刘亚东	交款方式：	现金
人民币（大写）：	柒佰零贰圆整		￥702.00
收款事由：	预收零星购货款		

主管：　　财务：　　记账：　　出纳：　　审核：　　经办人：刘天娥

（5）18日，持应收商业承兑汇票向银行贴现。（见表1-10、表1-11）

表1-10 贴现凭证（收账通知）

2009年12月18日　　　　　　　　　　　　　　　　　　　　　No：24578

申请人	名称	信达工厂		贴现汇票	种类	商业承兑汇票		号码	SC02587					
	账号	888345678911			发票日	2009年12月18日								
	开户银行	市工行文二路办事处			到期日	2010年1月18日								
汇票承兑人（或银行）	名称	海州市机械厂		账号	824031694122			开户银行	市工行庐山路营业部					
汇票金额（即贴现金额）	人民币（大写）：壹拾贰万捌仟柒佰圆整						千	百	十	万	千	百	十	元	角	分
							¥	1	2	8	7	0	0	0	0
贴现率（每月）	12‰	贴现利息	千	百	十	万	千	百	十	元	角	分	实付贴现金额	千	百	十	万	千	百	十	元	角	分
						¥	1	5	4	4	4	0					¥	1	2	7	1	5	5	6	0

上列款项已入你单位账户
此致
银行盖章：
2009年12月18日

备注：

表1-11 商业承兑汇票

签发日期：2009年12月18日　　　　　　　　　　　　　　　　　　　第SC02587号

收款人	全称	信达工厂			付款人	全称	海州市机械厂		
	账号	888345678911				账号	824031694122		
	开户行	市工行文二路办事处	行号	2875		开户行	市工行庐山路办事处	行号	3967
汇票金额	人民币（大写）：壹拾贰万捌仟柒佰圆整						千 百 十 万 千 百 十 元 角 分		
							¥ 1 2 8 7 0 0 0 0		
汇票到期日	2010年1月18日				交易合同号码				

本汇票已经本单位承兑，到期日无条件支付票款
此致
负责人：王云　　经办人：张爽

汇票签发人盖章
负责人：刘云　　经办人：王爽

（6）30日，确认坏账4 000元。（见表1-12）

表1-12 应收账款注销单

2009年12月30日　　　　　　　　　　　　　　　　　　　　　凭证编号01

欠款单位	欠款金额	欠款年限	备注	
蓝天公司	4 000元	4年	该公司认为我公司出售的产品有质量问题，应由我方承担，导致拒付尾款。	
注销原因	时间太长，且是货款的尾款，还涉及产品质量因素等			
处理意见	供销处	财务处	会计主管	厂长审批（签名）
	属实	属实	刘为娜	王力军

（7）30日，以转账支票98 600元偿还欠市物资公司的货款。（见表1-13、表1-14）

表1-13　中国工商银行转账支票存根

```
支票号码：06422680
科    目：_____
对方科目：_____
签发日期：2009年12月30日
收款人：市物资公司
金    额：￥98 600.00
用    途：偿还前欠货款
备    注：上月购料欠款
单位主管：            会计：刘天娥
复核：                记账：
```

表1-14　收　据

2009年12月30日　　　　　　　　　　　　　　　　　　　No：042385

交款单位：	信达工厂		交款方式：	转账
人民币（大写）：	玖万捌仟陆佰圆整			￥98 600.00
收款事由：	偿还该厂上月购料欠款			

主管：　　　财务：　　　记账：　　　出纳：　　　审核：　　　经办人：刘天一

（8）30日，销售机床8台，单位售价2 100元，收到转账支票19 656元（转存银行）。（见表1-15、表1-16）

表1-15　××省增值税专用发票

开票日期：2009年12月30日　　　　　　　　　　　No：4005012

购货单位	名称	市汽车修理厂			纳税人登记号							737098231042173							
	地址、电话	海州市　87226318			开户银行及账号							市工行凯江路营业部　82403115432							
商品或劳务名称	计量单位	数量	单价/元	金额								税率/%	税额						
				十	万	千	百	十	元	角	分		十	万	千	百	十	元	角	分
机床	台	8	2 100		1	6	8	0	0	0	0	17			2	8	5	6	0	0
合计				￥	1	6	8	0	0	0	0		￥		2	8	5	6	0	0
价税合计（大写）	壹万玖仟陆佰伍拾陆圆整																￥19 656.00			
销货单位	名称	信达工厂			纳税人登记号							6666777788889999							
	地址、电话	海州市　87777796			开户银行及账号							市工行文二路办事处　888345678911							

收款人：刘莉　　　　开票人：王玫　　　　开票单位（未盖章无效）：

表1-16 中国工商银行进账单（回单）

年　月　日　　　　　　　　　　第　号

出票人	全　称		收款人	全　称											
	账　号			账　号											
	开户银行			开户银行											
金额	人民币（大写）：				千	百	十	万	千	百	十	元	角	分	
票据种类		票据张数		收款人开户行盖章											
票据号码															
单位主管：　　　　会计：　　　　复核：　　　　记账：															

（9）3日，向正方公司销售机床50台，单位价格2 200元，总计110 000元，增值税额18 700元，总计128 700元。货已通过铁路发出，以转账支票代垫运费390元，到银行办理托收手续。正方公司开户银行：市工商银行龙泉山路支行，账号：873456781546。（见表1-17～表1-20）

表1-17 中国工商银行托收承付结算凭证（回单）

委托日期：　年　月　日　　　　　　委收号码：第0013427号

收款单位	全　称				付款单位	全　称											
	账　号					账　号											
	开户银行		行号	3609		开户银行			行号	8039							
托收金额	人民币（大写）：						千	百	十	万	千	百	十	元	角	分	
	附件			商品发运情况				合同名称号码									
附寄单证张数或册数																	
备注：			款项收妥日期：　年　月　日（收款单位开户行盖章）														
单位主管：　　　会计：　　　复核：　　　记账：　　　付款单位开户行盖章：																	

表1-18 运费垫支凭证

2009年12月3日

收货单位	运货单	货物名称	发运数量	运杂费	保险费	其他	合计金额（大写）	经手人
正方公司	00856278	机床	50台	280.00	110.00		叁佰玖拾圆整	刘涛

表1-19　××省增值税专用发票

开票日期：2009年12月3日　　　　　　　　　　　　　　　　No：4125698

购货单位	名　称	正方公司			纳税人登记号							6330422100212563								
	地址、电话	海州市　2566408			开户银行及账号							市工商银行龙泉山路支行　873456781546								
商品或劳务名称	计量单位	数量	单价/元	金额								税率/%	税额							
				百	十	万	千	百	十	元	角	分		十	万	千	百	十	元	角	分
机床	台	50	2 200		1	1	0	0	0	0	0	0	17		1	8	7	0	0	0	0
合　计				￥	1	1	0	0	0	0	0	0		￥	1	8	7	0	0	0	0
价税合计（大写）	壹拾贰万捌仟柒佰圆整													￥128 700.00							
销货单位	名　称	信达工厂			纳税人登记号							6666777788889999								
	地址、电话	海州市　87777796			开户银行及账号							市工行文二路办事处　888345678911								

收款人：刘莉　　　　　　　　开票人：王玫　　　　　　　　开票单位（未盖章无效）：

表1-20　中国工商银行转账支票存根

支票号码：015862679
科　　目：＿＿＿＿＿
对方科目：＿＿＿＿＿
签发日期：2009年12月3日
收款人：海州市铁路局
金　额：￥390.00
用　途：代垫运费
备　注：正方公司
单位主管：　　　　　会计：刘天娥
复核：　　　　　　　记账：

（10）31日，计提坏账准备金（比例5‰）。（见表1-21）

表1-21　坏账准备计算表

年　　月　　日　　　　　　　　　　　　　　　　单位：元

项目		行次	金额
应收账款期末余额		1	375 000
提取比例		2	
期末应有"坏账准备"贷方余额		3	
"坏账准备"账户现有余额	借方	4	17 760
	贷方	5	
期末应提坏账准备		6	
期末应冲坏账准备		7	

会计主管：　　　　　　　　　　复核：　　　　　　　　　　制表人：

往来结算岗位实训要求：

（1）依据托收承付凭证编制记账凭证；

（2）依据差旅费报销凭证编制记账凭证；

（3）计算贴息并进行账务处理；

（4）填制进账单并进行账务处理；

（5）计算填制坏账准备计算表并填制记账凭证。

项目资料（二）

存货核算岗位实训资料

项目理论链接2：存货核算岗位实训目的

通过实训，学生可以掌握以下技能，可以胜任存货核算岗位的工作：

（1）熟悉材料按实际成本计价收发业务的操作程序；

（2）掌握材料收、发凭证的格式及填制方法；

（3）掌握材料总分类账和明细分类账的设置与平行登记。

信达工厂为增值税一般纳税人，大量生产泥浆泵和潜水泵两种产品，材料按实际成本计价核算，发出原材料单价采用全月一次加权平均法计算，发出包装物成本采用先进先出法计算。11月30日有关总账及明细账期末资料如下：

1. "在途物资——南方电机厂"期末余额（小型电机200台）36 800元（买价36 000元，运杂费800元）

2. "原材料"账户期末余额（见表2-1）

表2-1 "原材料"账户期末余额

品种	单位	数量	单位成本/元	金额/元
钢板	kg	30 000	3.6	108 000
铸铁	kg	30 000	1.5	45 000
小型电机	台	1 000	180	180 000
合计	—	—	—	333 000

3. "周转材料——包装物"账户余额（见表2-2）

表2-2 "周转材料——包装物"账户余额

品种	单位	数量	单位成本/元	金额/元
木箱	只	1 000	13	13 000

2009年12月，信达工厂发生有关经济业务如下：

（1）1日，基本生产车间包装泥浆泵、潜水泵，分别领用木箱500只、400只（注：领用包装物直接计入"生产成本"账户，下同），要求：填领料单（见表2-3）。（注：在实际工作中，会计人员应根据由有关部门转来的、已填齐全的领、收料单编制相应的记账凭证。会计人员也应该了解和掌握领、收料单的填写方法。）

表2-3　领料单（财会联）

用途：　　　　　　　　　　　　年　月　日　　　　　　　　　　　　No：0113

材料名称及规格	计量单位	请领数量	实发数量	备注

领料人：刘小环　　　　　　　　　　　　　　　　　　　　　　　发料人：王俊

（2）1日，基本生产车间生产泥浆泵领用钢板15 000kg，铸铁10 000kg，小型电机500台；生产潜水泵领用钢板10 000kg，铸铁10 000kg，小型电机400台。（注：领用原材料，平时只登记明细账数量，月底编制"发料凭证汇总表"，编制记账凭证，下同。）要求：填领料单。（见表2-4）

表2-4　领料单（财会联）

用途：　　　　　　　　　　　　年　月　日　　　　　　　　　　　　No：0114

材料名称及规格	计量单位	请领数量	实发数量	备注

领料人：刘小环　　　　　　　　　　　　　　　　　　　　　　　发料人：王俊

（3）2日，收到银行转来信汇结算凭证等单据，向莲城钢厂购进钢板和铸铁，材料验收入库，款项已承付，信汇回单如表2-5所示，回单所附的发票及运费单如表2-6、表2-7所示。

要求：填制"材料采购运杂费分配表"；填"收料单"。（见表2-8、表2-9）

（4）10日，基本生产车间生产泥浆泵领用铸铁5 000 kg，生产潜水泵领用小型电机400台，车间领用铸铁500 kg，企管部门领用钢板50 kg。要求：填"领料单"。（见表2-10）

表2-5　中国建设银行信汇凭证（回单）

委托日期：　年　月　日　　　　　　　　　　　　No：128630

汇款人	全　称	信达工厂			收款人	全　称	连山钢厂		
	账号或住址	888345678922				账号或住址	013878601818		
	汇出地点	××省海州市	汇出行名称	市建行文二路办事处		汇入地点	上海	汇入行名称	莲城支行

金额	人民币				百	十	万	千	百	十	元	角	分
	（大写）：叁万贰仟伍佰玖拾圆整				￥		3	2	5	9	0	0	0

汇票用途：	购原材料		
上列款项已根据委托办理，如需查询，请持此单来行面洽。			汇出行盖章
单位主管：　　　会计：　　　出纳：　　　记账：			

表2-6　××市增值税专用发票（发票联）

开票日期：2009年11月25日　　　　　　　　　　No：60875145

购货单位	名　称	信达工厂			纳税人登记号		6666777788880000						
	地址、电话	市玉泉路300号 87777796			开户银行及账号		市建行文二路办事处　888345678922						

商品或劳务名称	计量单位	数量	单价/元	金额								税率/%	税额							
				十	万	千	百	十	元	角	分		十	万	千	百	十	元	角	分
钢板	kg	5 000	3.80		1	9	0	0	0	0	0	17			3	2	3	0	0	0
铸铁	kg	5 000	1.60																	
合计				￥	1	9	0	0	0	0	0		￥		3	2	3	0	0	0

价税合计（大写）	叁万壹仟伍佰玖拾圆整	￥31 590.00

销货单位	名　称	连山钢厂		纳税人登记号	173111560789314
	地址、电话	上海市莲花路11号　021-81697442		开户银行及账号	市建行莲花路支行　013878601818

填票人：刘文强　　　　　收款人：王小林　　　　　开票单位：连山钢厂发票专用章

表2-7　海州市运输收入发票

顾客名称及地址：信达工厂市玉泉路300号　2009年11月25日　　　　No：1002

项目及说明	单位	数量	收费标准	超过万元无效	金额						备注
					万	千	百	十	元	角	分	
运杂费	kg	10 000	0.1元/kg			1	0	0	0	0	0	
合计（人民币）：壹仟圆整				合计	￥	1	0	0	0	0	0	

收款人：王光明　　　　　　　　　　　　　　　开票单位：海州市第一运输公司发票专用章

表2-8 材料采购运杂费分配表　　　　　　　　　　　　　　　单位：元

材料名称	单价	重量	买价	运杂费			实际成本	单位成本
				分配标准	分配率	金　额		
合计								

复核：刘文维　　　　　　　　　　　　　　　　　　　　　　　　　　制单人：王东阳

表2-9 收料单（财会联）

供货单位：　　　　　　　　　　　年　　月　　日　　　　　　　　No：700210

材料名称及规格	单位	单价	应收数量	金额	实收数量	金额

验收：刘文维　　　　　　　　　　　　　　　　　　　　　　　　　　制单人：王东阳

表2-10 领料单（财会联）

用途：　　　　　　　　　　　　　年　　月　　日　　　　　　　　No：0115

材料名称及规格	计量单位	请领数量	实发数量	备注

领料人：刘小环　　　　　　　　　　　　　　　　　　　　　　　　发料人：王文维

（5）19日，出售给市机电公司材料一批（发票见表2-12），收到支票当即填进账单送存银行（见表2-11），根据回联单入账。要求：填"销售材料发料单"。（见表2-13）

表2-11 中国工商银行进账单（回单）

2007年12月19日　　　　　　　　　　　　　　第　　号

出票人	全　　称	市机电公司	收款人	全　　称	信达工厂									
	账　　号	01308536009001		账　　号	888345678922									
	开户银行	市工行新街办事处		开户银行	市建行文二路办事处									
金额	人民币（大写）：伍仟零叁拾壹圆整					千	百	十	万	千	百	十	元	角	分
									￥	5	0	3	1	0	0
票据种类	转账支票	票据张数	1		收款人开户行盖章									
票据号码														
单位主管：　　　　会计：　　　　复核：　　　　记账：														

表2-12 ××省增值税专用发票

开票日期：2009年12月30日　　　　　　　　　　　　　　　No：4005013

购货单位	名称	市机电公司			纳税人登记号							07335690022110							
	地址、电话	市文化路35号　021-21315482			开户银行及账号							市建行新街分理处　01308536009001							
商品或劳务名称	计量单位	数量	单价/元	金额								税率/%	税额						
				十万	万	千	百	十	元	角	分		十万	万	千	百	十	元	角	分
钢板	千克	1 000	4.30			4	3	0	0	0	0	17				7	3	1	0	0
合计				¥		4	3	0	0	0	0		¥			7	3	1	0	0
价税合计（大写）		伍仟零叁拾壹圆整											¥ 5 031.00							
销货单位	名称	信达工厂			纳税人登记号							6666777788880000							
	地址、电话	海州市玉泉路300号　87777796			开户银行及账号							市建行文二路办事处　888345678922							

收款人：刘立　　　　　开票人：　　　　　　　开票单位：信达工厂发票专用

表2-13 销售材料发料单

材料类别：
购货单位：　　　　　　　　　　　　　　　　　　　　　　　　　　　　　　　编号：

材料编号	材料名称	规格	计量单位	数量	售价		实际成本	
					单价	金额	单价	金额
备注								

记账：　　　　发料：　　　　财会主管：　　　　供销部门负责人：　　　　制单人：

（6）21日，生产泥浆泵领用钢板5 000kg，生产潜水泵领用铸铁6 000kg，在建工程领用钢板500kg。要求：填"领料单"。（见表2-14）

表2-14 领料单（财会联）

用途：　　　　　　　　年　月　日　　　　　　　　　　　　　　　No：0116

材料名称及规格	计量单位	请领料量	实发数量	备注

领料人：刘小环　　　　　　　　　　　　　　　　　　　　发料人：王文维

（7）25日，向夏华木器厂购进木箱一批，开出转账支票（见表2-15）支付货款，木箱已验收入库。（见表2-16）要求：填"收料单"。（见表2-17）

表2-15　中国建设银行转账支票存根

支票号码：37661424
科　目：_____
对方科目：_____
签发日期：2009年12月25日

收款人：	夏华木器厂
金　额：	￥21 060.00
用　途：	购货
备　注：	

单位主管：　　　　　会计：
复核：　　　　　　　记账：

表2-16　××省增值税专用发票（发票联）

开票日期：2009年12月25日　　　　　　　　　　　　　　　No：6085778

购货单位	名　称	信达工厂	纳税人登记号	6666777788880000
	地址、电话	海州市玉泉路300号　87777796	开户银行及账号	市建行文二路办事处　888345678922

商品或劳务名称	计量单位	数量	单价/元	金额								税率/%	税额							
				十	万	千	百	十	元	角	分		十	万	千	百	十	元	角	分
木箱	台	1 500	12.00		1	8	0	0	0	0	0	17			3	0	6	0	0	0
合计				￥	1	8	0	0	0	0	0		￥		3	0	6	0	0	0

价税合计（大写）	贰万壹仟零陆拾圆整		￥21 060.000
销货单位	名　称	夏华木器厂	纳税人登记号　07336923154011
	地址、电话	市新田路12号021-86971442	开户银行及账号　市建行新田路分理处　0186098045019

填票人：刘红　　　　　　收款人：王兴　　　　　　开票单位：夏华木器厂发票专用

表2-17　收料单（财会联）

供货单位：　　　　　　　　　　　年　　月　　日　　　　　　　　　No：700211

材料名称及规格	单位	单价	应收数量	金额	实收数量	金额

验收：刘文维　　　　　　　　　　　　　　　　　　　　　　　　制单人：王大阳

（8）28日，收到大山钢铁厂投资钢材一批，已验收入库。（见表2-18、表2-19）要求：填"收料单"。（见表2-20）

表2-18 投资协议书

投资协议书（摘要）
投出单位：大山钢铁厂
投入单位：信达工厂
……
第四，大山钢铁厂以存货向信达工厂投资，计钢材板50 000kg，单价3.60元，价款180 000元，增值税30 600元，双方协商以发票金额作投资额。
第五，大山钢铁厂应于2009年12月28日前向信达工厂投资，出资后占信达工厂3%的股权。
……

表2-19 ××省增值税专用发票（发票联）

开票日期：2009年12月28日　　　　　　　　No：6078502

购货单位	名称		信达工厂		纳税人登记号					6666777788880000							
	地址、电话		海州市玉泉路300号　87777796		开户银行及账号					市建行文二路办事处　888345678922							
商品或劳务名称	计量单位	数量	单价/元	金额								税率/%	税额							
				百	十	万	千	百	十	元	角	分		十	万	千	百	十	元	角	分
钢板	kg	50 000	3.60		1	8	0	0	0	0	0	0	17		3	0	6	0	0	0	0
合计				¥	1	8	0	0	0	0	0	0		¥	3	0	6	0	0	0	0
价税合计（大写）		贰拾壹万零陆佰圆整											¥210 600.00								
销货单位	名称		大山钢铁厂		纳税人登记号					073222560789314							
	地址、电话		市长征路8号　021-35741442		开户银行及账号					市建行新田分理处　1053878601818							

填票人：刘红　　　　　　收款人：王兴　　　　　　开票单位：大山钢铁厂发票专用

表2-20 收料单（财会联）

供货单位：　　　　　　　　　年　月　日　　　　　　　　　No：700212

材料名称及规格	单位	单价	应收数量	金额	实收数量	金额

验收：刘大维　　　　　　　　　　　　　　　　　　　　　制单人：王大阳

（9）31日，本月原材料结转。要求：计算本月钢板、铸铁和小型电机的加权平均单价，计算表如表2-21所示；编制"发料凭证汇总表"，如表2-22所示，然后转账。

表2-21 本月钢板、铸铁和小型电机的加权平均单价计算表

钢板加权平均单价=   铸铁加权平均单价=   小型电机加权平均单价=

表2-22 发料凭证汇总表

领料单： 号至 号 共 张　　　　　　　　　　　　　　　　　　　年 月 日

材料名称	生产成本						制造费用			管理费用			其他业务支出			在建工程		
	泥浆泵			潜水泵														
	数量	单价	金额	数量	单价	金额	数量	单价	金额	数量	单价	金额	数量	单价	金额	数量	单价	金额
钢板																		
铸铁																		
小型电机																		
合计																		

复核：　　　　　　　　　　　　　　　　　　　　　　　　　　　　　　　制表人：

（10）31日，结转材料盘点盈亏。要求：填写"材料盈亏报告表"。（见表2-23）

表2-23 材料盈亏报告表

仓库：材料仓库

品名	规格	单位	单价	数量		金额	原因及处理
				盘盈	盘亏		
小型电机		台			2		管理不善 （由报关员赔100元）
钢板		kg		50			计量差错
合计							

主管：　　　　　　　会计：　　　　　　　　　　仓库负责人：　　　　　　　　保管：

存货核算岗位实训要求：

①根据实训期初资料开设原材料总账及明细分类账；

②根据实训资料本月发生的经济业务，审核并填制原始凭证和记账凭证；

③根据记账凭证及其所附的原始凭证，登记"原材料"和"在途物资"总分类账及明细分类账；

④月底将原材料总分类账与所属明细分类账进行核对。

项目资料（三）

固定资产核算岗位实训资料

项目理论链接3：固定资产核算岗位实训目的

通过实训，学生可以掌握以下技能，可以胜任固定资产核算岗位的工作：

（1）了解固定资产增加的来源和减少的原因；

（2）熟悉折旧的计算方法，掌握固定资产的会计处理方法。

2009年12月，信达工厂发生有关经济业务如下：

（1）12月8日，购入奥迪汽车一辆，以电汇方式支付价款。（见表3-1～表3-3）

表3-1　××省机动车销售专用发票

发　票　联

购车单位（人）：信达工厂　　　　2009年12月8日

品名	规格	出厂车体号	产地	型号	价格	金额								
						百	十	万	千	百	十	元	角	分
奥迪		AD0687152	一汽	100	原价		3	4	6	0	0	0	0	0
合同号	结算方式	提车方式	提货期限		附加费/%									
00529	电汇	自提			管理费/%									
		限30天内上牌照												
人民币（大写）：叁拾肆万陆仟圆整					合计	¥	3	4	6	0	0	0	0	0

销车单位（盖章）：　　　提车人：刘伟　　　收款人：王丽　　　开票人：王辉

表3-2　固定资产验收交接单

2009年12月9日　　　　　　　　　　　　　　　　　　　　编号：

资产编号	资产名称	规格型号	计量单位	数量	设备价值或工程造价/元	设备基础及安装费用	附加费用/元	其他	合计
020811	奥迪汽车	100	辆	1	346 000		34 600		¥380 600
资金来源	自筹		耐用车限/年		主要附属设备	附件名称	规格	单价	合计
制造厂家	一汽轿车股份有限公司		10						
出厂日期	2004年7月8日		基本折旧率/%						
出厂编号	AD0687152		10						
估计残值									
接管部门：					备注：				

交验部门主管：　　　移交人：刘伟　　　接管部门主管：　　　接管人：王锋

表3-3 中国工商银行电汇凭证（回单）

委托日期：2009年12月10日　　　　　　　　第　号

收款单位	全称	通达股份有限公司	汇款单位	全称										
	账号或住址	1667659834		账号或住址										
	汇入地点	海州市	汇入行名称	市工行庐山路支行	汇出地点		汇出行名称							
金额	人民币（大写）：				千	百	十	万	千	百	十	元	角	分
汇款用途：														
上列款项已根据委托办理，如需查询，请持此回单来行面洽。				（汇出行盖章） 2009年12月10日										
单位主管：　　　会计：　　　复核：　　　记账：														

（2）12月13日，购置钻床（需安装）1台。（见表3-4～表3-9）

表3-4 ××省增值税专用发票（发票联）

开票日期：2009年12月13日　　　　　　　　No：1894

购货单位	名称	信达工厂			税务登记号				6666777788889999								
	地址、电话	市文二路1号　87777796			开户银行及账号				市工行文二路办事处　888345678911								
商品或劳务名称	计量单位	数量	单价/元	金额								税率/%	税额				
				百	十	万	千	百	十	元	角	分		十	万	千	百	十	元	角	分
钻床	台	1			3	8	6	0	0	0	0	0	17		6	5	6	2	0	0	0
合计				￥	3	8	6	0	0	0	0	0		￥	6	5	6	2	0	0	0
价税合计（大写）	肆拾伍万壹仟陆佰贰拾圆整　　　　　　　　￥451 620.00																				
销货单位	名称	石家庄机械股份有限公司			税务登记号				132495781249687								
	地址、电话	市文化路10号　33678120			开户银行及账号				市工行天山路办事处　241532689								

收款人：刘天　　　　　　　　开票人：王飞　　　　　　　　开票单位（未盖章无效）：

表3-5　商业承兑汇票（存根）

签发日期：2009年12月13日　　　　　　　　　　　　　第SC05871号

收款人	全称	石家庄机械股份有限公司	付款人	全称	信达工厂		
	账号	241532689		账号	888345678911		
	开户行	市工行天山路办事处	行号	8039		开户行	市工行文二路办事处	行号	2875

汇票金额	人民币（大写）：肆拾伍万伍仟捌佰叁拾陆圆整	千	百	十	万	千	百	十	元	角	分
		¥		4	5	5	8	3	6	0	0
汇票到期日	2010年1月13日	交易合同号码									
备注：		汇票签发人盖章 负责人：刘云　　　经办人：王爽									

表3-6　石家庄铁路局（货运票）

　　　　　　　　　　　　　　　　　　　　　　　　　　　　　　　　No：42037412

计划号码或运输号码：　　　　　　　托运人：发展　到站　　　　　收货人：
货物运到期限：　日

发站	石家庄市	到站	海州市	车种车号		火车标重		铁路/发货人装车	
发货人	名称	石家庄机械股份有限公司		施封号码				铁路/发货人施封	
	住址		电话	33678120	铁路货车篷布号码				
收货人	名称	信达工厂		集装箱号码					
	住址	市文二路1号	电话	8777796	经办人		运价里程	1 812	

货物名称	件数	包装	货物重量（t）		计费重量	类	项	运价号	运价率	现付费用	
			发货人确定	铁路确定						费别	金额/元
钻床				15	15					运费	1 733.00
										基金	1 819.90
										保价费	40.50
										电气化费	536.20
合计										新路均摊	86.40
										京九分流	
记事										合计	4 216.00

　　　　　　　　　　　　　　　　　　　　　　　　　　　　　经办人签章：王永翔
发站承运日期：2009年12月13日

表3-7　××省建筑安装业统一发票（发票联）

建设单位：信达工厂　　　　　2009年12月25日　　　　　　　No：0236392

工程编号及项目	收款内容	单位	数量	单价	金额	金额							
						百	十	万	千	百	十	元	角	分
	安装钻床款							4	2	8	0	0	0	0
	合计					¥		4	2	8	0	0	0	0
人民币（大写）：肆万贰仟捌佰圆整						¥		4	2	8	0	0	0	0

收款人：刘运　　　　　　　　　经办人：王勇　　　　　　　收款单位（盖章）：

表3-8　中国工商银行转账支票存根

支票号码：1386425
科　　目：_____
对方科目：_____
签发日期：2009年12月25日
收款人：海州市建筑安装公司
金　　额：
用　　途：
备　　注：
单位主管：　　　　　会计：
复核：　　　　　　　记账：

表3-9　固定资产验收交接单

2009年12月25日　　　　　　　　　　　　　　　编号：

资产编号	资产名称	规格型号	计量单位	数量	设备价值或工程造价	设备基础及安装费用	附加费用	其他	合计

资金来源		耐用年限		主要附属设备	附件名称	规格	单价	合计
制造厂家								
出厂日期		基本折旧率						
出厂编号								
估计残值								
接管部门：		备注：						

交验部门主管：　　　　　移交人：　　　　　接管部门主管：　　　　　接管人：

（3）12月26日，出售汽车1辆。（见表3-10～表3-13）

（4）12月26日，根据股东大会决议，固定资产对外投资。（见表3-14）

（5）12月27日，简易仓库因火灾损失严重，转入报废清理。（见表3-15～表3-17）

（6）12月28日，支付报废资产的清理费用。（见表3-18、表3-19）

（7）12月30日，收到保险公司赔款，并结算着火仓库的清理损益。（见表3-20）

（8）12月30日，鼎天公司向本公司捐赠旧设备1台，未提供有关发票单据。（见表3-21）

（9）12月30日，购买工程材料。（见表3-22、表3-23）

（10）12月31日，填制12月份固定资产折旧计算表。（见表3-24）

表3-10　××省增值税专用发票

开票日期：2009年12月26日　　　　　　　　　　　　　　　　No：3400501

购货单位	名　称	海州市公交公司			税务登记号							37098231042173								
	地址、电话	海州市 88226318			开户银行及账号							市工行天山路营业部 12403115432								

商品或劳务名称	计量单位	数量	单价/元	金额								税率/%	税额							
				十	万	千	百	十	元	角	分		十	万	千	百	十	元	角	分
桑塔纳	辆	1	26 000		2	6	0	0	0	0	0	17			4	4	2	0	0	0
合计				¥	2	6	0	0	0	0	0		¥		4	4	2	0	0	0
价税合计（大写）		叁万肆佰贰拾圆整										¥30 420.00								
销货单位	名　称	信达工厂			税务登记号							6666777788889999								
	地址、电话	海州市文二路1号　87777796			开户银行及账号							市工行文二路办事处　888345678911								

收款人：刘天娥　　　　　　　　　　　开票人：王小速　　　　　　　　开票单位（未盖章无效）：

表3-11　中国工商银行进账单（回单）

年　　月　　日　　　　　　　　　　　　第　号

出票人	全　称		收款人	全　称									
	账　号			账　号									
	开户银行			开户银行									
金额	人民币（大写）：				千	百	十	万	千	百	十	元	角	分
票据种类		票据张数			收款人开户行盖章								
票据号码													
单位主管：　　　会计：　　　复核：　　　记账：													

表3-12 固定资产卡片　　　　　　　　　　　　　　　　类别：汽车

资产名称	桑塔纳	资产编号	
规格（型号）	普通型	规格（m）	
制造厂	上海汽车厂	出厂时间	2001.12
使用部门	信达工厂	出厂编号	12375
资金来源		折旧年限	10年
列账凭证		启用年月	2001.12
附件或附属物		固定资产原值	112 000元
		年折旧率	9.6%
调拨转移记录	转售海州市公交公司	预计净产值	4 480元
报废清理记录			
中间停用记录		备注	

表3-13 折旧记录表　　　　　　　　　　　　　　　　折旧方法：直线法

原值：112 000元　　　预计净残值：4 480元　　　年折旧率：9.6%　　　月折旧率：0.8%

年份	年折旧率	年折旧额/元	月折旧额/元	累计年折旧额/元	年份	年折旧率	年折旧额	月折旧额	累计年折旧额
2002年	9.6%	10 752	896	10 752					
2003年	9.6%	10 752	896	21 504					
2004年	9.6%	10 752	896	32 256					
2005年	9.6%	10 752	896	43 008					
2006年	9.6%	10 752	896	53 760					
2007年	9.6%	10 752	896	64 512					
2008年	9.6%	10 752	896	75 264					

表3-14 固定资产调拨单

2009年12月26日　　　　　　　　　　　　　　　　　　　　　　　　编号：

资产编号	资产名称	规格型号	计量单位	数量	预计使用年限	已使用年限	原始价值/元	已提折旧/元
	机床		台	1	9	2	98 000	28 000
启用时间	停用时间	双方协议价值/元	调入单位名称		无偿调拨或价拨		备注	
2007年12月	2009年12月	70 000			有偿			
固定资产出售（调拨）理由		根据股东大会21号决议，决定对鼎天公司进行投资						
处理意见	使用部门	技术评估小组		固定资产管理部门		股东大会审批意见		
		协议价属实 刘光明		同意调出 王晶晶		同意调出 王国军		

表3-15 固定资产报废申请书

申请单位：信达工厂　　　　　　2009年12月27日　　　　　　　　　　编号：32569

资产名称	简易仓库	出厂时间		出厂编号	
规格（型号）	20×30 砖木石棉瓦	投产时间	2005年12月	单位	m²
制造厂	市建筑公司	使用单位	信达工厂	预计使用年限/年	6
原值/元	120 000	净值/元	43 200	已使用年限/年	4
已提折旧/元	76 800	残值/元	4 800	折旧方法	直线法
固定资产状况及报废原因	2009年12月16日，由于简易仓库线路超载短路，产生电弧高温，击穿汽油桶，发生火灾。				
处理意见	使用部门	技术评估小组	固定资产管理部门	股东大会审批意见	
	无法使用	协议价属实 刘光明	同意报废 王晶晶	同意报废 王国军	

表3-16 固定资产卡片　　　　　　　　　　　　　　　类别：房屋

资产名称	简易仓库	资产编号	
规格（型号）	20×30砖木石棉瓦	规格（m）	
制造厂	市建筑公司	出厂时间	
使用部门	信达工厂	出厂编号	
资金来源		折旧年限	
列账凭证		启用年月	
附件或附属物		固定资产原值	
		年折旧率	
调拨转移记录		预计净产值	
报废清理记录		备注	
中间停用记录			

表3-17 折旧记录（背）　　　　　　　　　　　　　　折旧方法：直线法

原值：　　　　　预计净残值：　　　　　年折旧率：　　　　　月折旧率：

年份	年折旧率	年折旧额	月折旧额	累计年折旧额	年份	年折旧率	年折旧额	月折旧额	累计年折旧额

表3-18 中国工商银行转账支票存根

```
支票号码：1386425
科  目：_____
对方科目：_____
签发日期：2009年12月28日
收款人：鼎天公司
金  额：￥3 000.00
用  途：清理费
备  注：
单位主管：          会计：刘天娥
复核：              记账：
```

表3-19 广东省服务业统一发票（发票联）

购买单位：信达工厂　　　　2009年12月28日　　　　No：01363413

服务项目	收款内容	单位	数量	单价	金额							
					百	十	万	千	百	十	元	角	分
仓库清理费								3	0	0	0	0	0
人民币（大写）：叁仟圆整					￥			3	0	0	0	0	0

收款人：刘凤兰　　　　　　　经办人：王智慧　　　　　　　收款单位（盖章）：

表3-20 资金汇划（贷方）补充凭证（回单）

```
收报日期：2009年12月30日          发报日期：2009年12月29日
收报流水号：89643210              发报流水号：5563149
收报行行号：1236845               发报行行号：3269871
收报行行名：市工行文二路办事处     发报行行名：市工行庐山路支行
收款人账号：888345678911          付款人账号：21068742563
收款人户名：信达工厂               付款人户名：中国人民保险公司广州分公司
大写金额：肆万叁仟伍佰捌拾圆整     小写金额：43 580.00
业务种类：转账                    延时付款指令：非延时付款
用途：着火仓库的赔偿款             打印日期：2007年12月30日
附言：
收电：                   记账：              复核：刘继东
```

表3-21 捐赠资产交接单

2009年12月30日

名称	规格	单位	数量	使用年限/年	已使用年限/年	评估价/元	已提折旧/元	净值/元	备注
车床	Ⅱ型	台	1	10	4	286 500	114 600	171 900	
捐赠人		鼎天公司			被捐赠人		信达工厂		

表3-22 ××省增值税专用发票（发票联）

开票日期：2009年12月30日　　　　　　　　　　　　　No: 0896545

购货单位	名称		信达工厂		税务登记号			6666777788889999								
	地址、电话		海州市　87777796		开户银行及账号			市工行文二路办事处　888345678911								
商品或劳务名称		计量单位	数量	单价/元	金额								税率/%	税额								
					百	十	万	千	百	十	元	角	分		十	万	千	百	十	元	角	分
φ25 mm圆钢		吨	100	2 000		2	0	0	0	0	0	0	0	17		3	4	0	0	0	0	0
合计					¥	2	0	0	0	0	0	0	0		¥	3	4	0	0	0	0	0
价税合计（大写）			贰拾叁万肆仟圆整														¥234 000.00					
销货单位	名称		南方钢铁厂		税务登记号			32602513010135268								
	地址、电话		市东区　2137956		开户银行及账号			市工行庐山路营业部　3647015292								

收款人：刘为娜　　　　　　　开票人：　　　　　　　开票单位（未盖章无效）：

表3-23 中国工商银行转账支票存根

支票号码：0422680

科　目：_____

对方科目：_____

签发日期：2009年12月30日

收款人：南方钢铁厂

金　额：¥234 000.00

用　途：工程物资款

备　注：

单位主管：　　　　　　会计：刘学跃

复核：　　　　　　　　记账：

表3-24　固定资产折旧计算表

2009年12月　　　　　　　　　　　　　　　　　　　　　　　单位：元

固定资产类别	上月计提折旧额	上月增加的折旧额	上月减少的折旧额	本月应计提的折旧额
生产一车间用	19 430	2 420	1 349	
生产二车间用	2 781	1 000		
行政管理用	5 553			
合计				

固定资产核算岗位实训要求：

（1）根据银行电汇凭证编制记账凭证；

（2）填制固定资产卡片，编制记账凭证；

（3）填制进账单并进行账务处理；

（4）计算、填制固定资产折旧计算表并编制记账凭证。

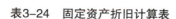

薪酬核算岗位实训资料

项目理论链接4：薪酬核算岗位实训目的

通过实训，学生可以掌握以下技能，可以胜任薪酬核算岗位的工作：

（1）熟悉薪酬核算岗位的基本职责和业务流程；

（2）掌握薪酬费用和代扣款项的计算、账务处理等方法和技能；

（3）贯彻执行国家和本企业有关工资、福利费方面的政策、法规和企业财务管理制度。

信达工厂是增值税一般纳税人，该公司工资费用的核算由专人负责。每月月底在人事管理部门提供的考勤记录和各车间提供的生产产量记录的基础上，计算出各车间、部门的工资，并将有关费用分配计入相关成本费用；按国家有关规定计提和缴纳各项公积金；按国家有关规定计提职工福利费及各项基金。

与工资有关的各项经费、基金的计提如表4-1所示。

表4-1　与工资有关的各项经费、基金的计提

项目	计提基数	计提比率/%
应付福利费	本月工资总额	14
工会经费	本月工资总额	2
职工教育经费	本月工资总额	1.5

续表

项目	计提基数	计提比率/%
养老保险金	上年月平均工资总额	20
住房公积金	上年月平均工资总额	8
基本医疗保险费	上年月平均工资总额	6
地方附加医疗保险费	上年月平均工资总额	2
失业保险金	上年月平均工资总额	2

注：各项工资附加费、基金的计提基数和比例，由于各地区政策之间存在差异以及政策本身发生变化，可能与实务不一致。学生应注意了解国家政策和有关方面的规定。

2009年12月，信达工厂发生的有关经济业务如表4-2、表4-3所示。

表4-2　工资结算汇总表　　　　　　　　　　　　　　　　单位：元

部门		基本工资	岗位工资	各种补贴	生产奖金	应扣病事假工资	应付工资	代扣款项						实发工资
								医疗保险	工会经费	养老保险	住房公积	失业保险	个人所得税	合计	
一车间	生产工人	42 000	7 400	3 800	4 200	860	56 540	2 200	390	1 600	650	920	360	6 120	50 420
	管理人员	21 000	2 800	1 300	3 500	290	28 310	1 150	200	800	230	460	170	3 010	25 300
	小计	63 000	10 200	5 100	7 700	1 150	84 850	3 350	590	2 400	880	1 380	530	9 130	75 720
二车间	生产工人	28 000	4 800	2 100	2 750	710	36 940	1 760	340	1 000	580	610	230	4 520	32 420
	管理人员	12 000	1 600	900	1 400	330	15 570	1 400	130	600	260	260	80	2 730	12 840
	小计	40 000	6 400	3 000	4 150	1 040	52 510	3 160	470	1 600	840	870	310	7 250	45 260
三车间	生产工人	36 000	6 000	3 200	3 500	280	48 420	2 400	350	1 500	620	790	300	5 960	42 460
	管理人员	28 000	3 000	1 700	1 350	—	34 050	1 200	220	1 110	270	610	270	3 670	30 380
	小计	64 000	9 000	4 900	4 850	280	82 470	3 600	570	2 600	890	1 400	570	9 630	72 840
机修车间		15 000	1 800	1 000	1 600	—	19 220	940	210	750	360	330	240	2 830	16 390
福利部门		6 800	860	600	500	80	8 680	350	90	250	130	140		1 060	7 620
管理部门		56 000	9 500	5 200	5 500	2 300	73 900	3 800	440	3 180	850	1 230	480	9 980	63 920
合计		244 800	37 760	19 800	24 300	5 030	321 630	15 200	2 370	10 780	3 950	5 350	2 230	39 880	281 750

表4-3　工资费用分配汇总表

2009年12月　　　　　　　　　　　　　　　　　　　　单位：元

车间及部门		应付工资			应付福利费（14%）	合计
		生产工时/小时	分配率	分配额		
一车间	A产品工人	12 000				
	B产品工人	8 000				
	小计	20 000				
	车间管理人员					

续表

车间及部门		应付工资			应付福利费（14%）	合计
		生产工时/小时	分配率	分配额		
二车间	B产品工人	3 500				
	C产品工人	4 500				
	小计	8 000				
	车间管理人员					
机修车间						
福利部门						
管理部门						
合计						

会计：　　　　　　　　　　　　复核：　　　　　　　　　　　　制单人：

（1）根据"工资结算汇总表"，进行应付工资的分配，并按工资总额的14%计提应付福利费。同时根据所提供的产品生产工时资料，在相关产品生产人员之间进行工资及福利费的分配，并填制应付工资及福利费分配计算表（见表4-4）。

表4-4　应付工资及福利费分配

项目	单位交付金额/元	个人交付金额/元	合计/元
交付养老保险金	46 512.00	10 780.00	57 292.00
交付失业保险金	4 651.20	5 350.00	10 001.20
交付基本医疗保险金	13 953.60	15 200.00	29 153.60
交付地方附加医疗保险金	4 651.20	——	4 651.20
合计	69 768.00	31 330.00	101 098.00

（2）根据"工资结算汇总表"签发转账支票一张，金额为281 750元，委托市工商银行庐山路支行办理代发工资转存信用卡业务，发放工资及其他款项共计281 750元，并支付银行手续费112元。工资发放清单以软盘形式送交银行，并经银行审核发放。要求：签发转账支票，号码IVX101173，收款人为本厂职工工资户（见表4-5）。

（3）根据"工资结算汇总表"，结转本月代扣各种款项，共计39 880元。

（4）签发工商银行转账支票一张，根据"工资结算汇总表"，将代扣的工会经费2 370元划转本厂市工行银行存款户。要求：签发转账支票，支付代扣工会会费，号码IVX101174，收款人为市轻工机械厂工会，工会账户为工商银行庐山路分行，账号1023867。（见表4-6）

表4-5 转账支票

中国工商银行 转账支票存根	中国工商银行转账支票　　支票号码：IVX101173
支票号码：IVX101173 科　目：_____ 对方科目：_____ 出票日期：年 月 日	出票日期（大写）：　年　月　日　　　付款行名称：市工行庐山路办事处 收款人：　　　　　　　　　　　　　　出票人账号：888345678911

收款人：	
金额：	
用途：	
备注：	
单位主管： 会计：	
复核： 记账：	

人民币（大写）　　千 百 十 万 千 百 十 元 角 分

用途：_____　　　　　科目（借）：_____
下列款项请从　　　　　对方科目（贷方）：_____
我账户内支付　　　　　复核：
　　　　　　　　　　　记账：
出票人签章：　　　　　验印：

表4-6 转账支票

中国工商银行 转账支票存根	中国工商银行转账支票　　支票号码：IVX101174
支票号码：IVX101174 科　目：_____ 对方科目：_____ 出票日期：年 月 日	出票日期（大写）：　年　月　日　　　付款行名称：市工行庐山路办事处 收款人：　　　　　　　　　　　　　　出票人账号：888345678911

收款人：	
金额：	
用途：	
备注：	
单位主管： 会计：	
复核： 记账：	

人民币（大写）　　千 百 十 万 千 百 十 元 角 分

用途：_____　　　　　科目（借）：_____
下列款项请从　　　　　对方科目（贷方）：_____
我账户内支付　　　　　复核：
　　　　　　　　　　　记账：
出票人签章：　　　　　验印：

（5）根据"各项基金计算表"，计提交付的各种基金或经费，计提企业负担的养老保险金。（见表4-7）

（6）根据"各项基金计算表"，计提企业负担的住房公积金。（见表4-7）

（7）根据"各项基金计算表"，计提企业负担的失业保险金。（见表4-7）

（8）根据"各项基金计算表"，计提基本医疗保险费和地方附加医疗保险费。（见表4-7）

（9）根据"各项经费计算表"，计提并交付工会经费和职工教育经费。（见表4-8）

表4-7　各项基金计算表

2009年12月28日

计提项目	计提基数	计提比率/%	计提金额/元	借记账户	贷记账户
养老保险金	上年月平均工资总额 232 560元	20			
住房公积金		8			
失业保险金		2			
基本医疗保险费		6			
地方附加医疗保险费		2			
合计					

表4-8　各项经费计算表

2009年12月28日

计提项目	计提基数	计提比率/%	计提金额/元	借记账户	贷记账户
工会经费	本月工资金额 321 630元	2			
职工教育经费		1.5			
合计					

（10）签发工商银行转账支票一张，交付职工住房公积金32 554.80元，其中企业负担的部分为18 604.80元，企业从职工工资中代扣代缴的部分为3 950元，填制公积金汇缴书，公积金账户为45 698 225元，收款人为市轻工机械厂住房公积金专户。（见表4-9、表4-10）

表4-9　转账支票

中国工商银行转账支票存根	中国工商银行转账支票　支票号码：IVX101175
支票号码：IVX101175 科　目：_____ 对方科目：_____ 出票日期：　年　月　日 收款人： 金额： 用途： 备注： 单位主管：　　　会计： 复核：　　　记账：	出票日期（大写）：　年　月　日　　付款行名称：市工行庐山路办事处 收款人：　　　　　　　　　　　　　出票人账号：888345678911 人民币（大写）　　千百十万千百十元角分 用途：_____ 下列款项请从我账户内支付 科目（借）：_____ 对方科目（贷方）：_____ 复核： 记账： 出票人签章：　　　　　　　　　　　验印：

表4-10　××省公积金汇缴书

　　　　　　　　　　年　　月　　日　　　　　　　　　附清册　　张

单位名称					□汇缴：				年			月		
公积金账号					□补缴：				人数			人		
人民币 （大写）：					千	百	十	万	千	百	十	元	角	分
上月汇缴		本月增加汇数		本月减少汇缴			本月汇缴							
人数	金额	人数	金额	人数		金额		人数			金额			
付款行	付款账号	支票号码		借： 贷：										
				复核：		记账：				接柜：				

（11）收到工商银行转来海州市社会保险事业基金结算管理中心的"职工社会保险基金结算表"和"医疗保险费申请结算表"等托收凭证，已从社会保险基金专户划转各项基金共计101 098.00元，如表4-4所示。（见表4-11～表4-15）

表4-11　委托收款凭证（付款通知）

委托日期：2009年11月17日　　　　　　　　　　　　　　　无付款期

付款人	全　称	信达工厂	收款人	全　称	海州市社会保险事业基金结算管理中心								
	账号或地址	888345678911		账　号	530039								
	开户银行	市工行文二路办事处		开户银行	千山路支行				行号				
托收 金额	人民币 （大写）：陆万柒仟贰佰玖拾叁圆贰角整				千	百	十	万	千	百	十	元	角	分
						¥	6	7	2	9	3	2	0
款项 内容	2009年12月 养老保险金、事业保险金		委托收款凭证名称		附寄单证张数									
备注	付款人注意： （1）根据结算办法，上列委托收款如在付款期限内未拒付，即视同同意付款，以此联代付款通知； （2）如需提前付款或多付款，应另写书面通知送交银行办理； （3）如系全部或部分拒付，应在付款期限内另填拒绝付款理由书送交银行办理。													
单位主管：		会计：		复核：					记账：					

表4-12 委托收款凭证（付款通知）

委托日期：2009年12月27日　　　　　　　　　　　　　　　　无付款期

付款人	全　称	信达工厂	收款人	全　称	海州市社会保险事业基金结算管理中心		
	账号或地址	888345678911		账　号	00530039		
	开户银行	市工行文二路办事处		开户银行	千山路支行	行号	
托收金额	人民币（大写）：叁万叁仟捌佰零肆圆捌角整				千 百 十 万 千 百 十 元 角 分 ￥　　　　3　3　8　0　4　8　0		
款项内容	2009年12月医疗保险		委托收款凭证名称		附寄单证张数		
备注：	付款人注意： （1）根据结算办法，上列委托收款如在付款期限内未拒付，即视同同意付款，以此联代付款通知； （2）如需提前付款或多付款，应另写书面通知送交银行办理； （3）如系全部或部分拒付，应在付款期限内另填拒绝付款理由书送交银行办理。						

单位主管：　　　　　　会计：　　　　　　复核：　　　　　　记账：

表4-13 海州市职工社会保险基金结算表

单位名称：信达工厂

单位编码：201006384217　　　本月扣款日期：2009年12月27日　　　No：33165

应缴项目	核定金额/元	应缴项目	核定金额/元
1. 养老保险缴费基数	242 560.00	19. 月养老金基数	0
2. 补缴历年养老保险缴费工资总额	0	20. 一次性调整金额	0
3. 养老保险单位缴费率/%	20	21. 一次性补助金额	0
4. 单位应缴养老保险费金额	46 512.00	22. 1949年前参加革命加发生活费	0
5. 其他应缴养老保险费金额	0	23. 其他按规定支付额	0
6. 养老保险费个人缴费总额	10 780.00	24. 一次性补充养老金	0
7. 其中：个人缴费月基数	10 780.00	25. 丧葬补助费、抚恤金	0
8. 养老保险缴纳合计	57 292.00	26. 其他按规定一次性支付金额	0
9. 失业保险缴费基数	232 560.00	27. 终止养老保险关系支付额	0
10. 补缴历年失业保险缴费工资总额	0	28. 房贴	
11. 失业保险单位缴费率/%	0	29. 应支付医疗费	0
12. 单位应缴失业保险费金额	4 651.20	30.	
13. 其他应缴失业保险费金额	0	31.	
14. 失业保险费个人缴费总额	4 651.20	32.	
15. 其中：个人缴费月基数	5 350.00	33.	
16. 失业保险缴纳合计	10 001.20	34. 支付合计	0
17. 单位缓缴社会保险费金额	0	35. 自负金额	0
18. 应缴纳金额	67 293.20	36. 应拨付金额	0

合计（大写）：陆万柒仟贰佰玖拾叁圆贰角整

补充资料：

（1）月末养老保险账户职工人数193人；

（2）月末养老保险缴费人数193人；

（3）月末领取养老金人数0；

（4）单位缓缴社会保险费0、失业保险费0。

表4-14 医疗保险费申请表

申报日期：2009年12月27日

地税机关征收管理码：1200005986　　医保代码：201006384217　　　　金额单位：元（列至角分）

缴费单位	信达工厂			地址			预算级次	
税务登记证号	6666777788889999			缴费单位开户银行		市工商银行文二路办事处	联系人	刘立伟
缴费单位年平均职工人数	193			缴费单位账号		0021279	电话（传呼）	87777796
缴费所属时间	2009年7月1日至12月31日			缴费限期时间			2009年12月27日	
缴费名称	缴费项目	类别	计费金额	费率/%	应缴费金额或核定缴费金额		已缴纳或扣除数	实际申报缴费金额
医疗保险费	城镇职工基本医疗保险费	单位	232 560.00	6	13 953.60			13 953.60
	重特病医疗统筹	个人	380 000.00	4	15 200.00			15 200.00
	公务员医疗补助费	单位	232 560.00	2	4 651.20			4 651.20
	启动金							
	合计				33 804.80			33 804.80
	缴费单位填写			委托收费单位填写				
缴费单位（公章）：2009年12月26日		经办人（签字）：刘立伟 2009年12月24日		委托收费单位名称			委托收费单位（公章）：年 月 日	
				委托收费单位地址				
				单位开户银行				
				经办人签字		电话（传呼）		
地税机关填写		收到申报表日期		年 月 日			接收人	
备注：								

填表说明：

（1）地税机关征收管理码是纳税人在办理税务登记时由地税机关确定的计算机编码；填写地税机关征收管理码时，应从最后一位由右向左填写，前面空格可划去。

（2）本表一式三联，第一联由缴费单位留存，第二联由地税机关留存，第三联由委托征收部门留存。

（3）此表不收取印制费用。

表4-15　海州市企事业单位职工医疗保险基金收缴核定表　　（医险表三）

单位名称：信达工厂　　　　　　　　　　　　　　　单位代码：103200159

职工人数			缴费工资总额	退休工资总额	计提医疗保险基金						公务员补贴/元	（06）月应上缴医疗保险金：33 804.80元 其中：单位缴费：18 604.80元 个人缴费：15 200.00元
					基本医疗			重特病统筹				
在职	退休	合计			单位缴费/元	个人缴费/元	合计/元	单位缴费/元	个人缴费/元	合计/元		
193	—	193			13 953.60	15 200.00	29 153.60	4 651.20		4 651.20		

填报单位：信达工厂 负责人：刘宇 经办人：刘立伟	税务机构名称：海州市地税局 税务登记证号：6666777788889999 税务管理编号：0452	医疗保险经办机构盖章： 2009年12月27日

海州市医疗保险中心制

薪酬核算岗位实训要求：

（1）根据所给业务资料，编制"工资结算汇总表"和"工资费用分配汇总表"；

（2）计提各项"基金计算分配表"和"经费计算分配表"；

（3）按法律规定计提住房公积金等项目，并代扣个人所得税等项目；

（4）根据薪酬核算业务填制记账凭证；

（5）依据有关凭证登记"应付职工薪酬"明细账。

项目资料（五）

资金核算岗位实训资料

项目理论链接5：资金核算岗位实训目的

通过实训，学生可以掌握以下技能，可以胜任资金核算岗位的工作：

（1）掌握所有者权益的取得或形成的核算；

（2）掌握负债类资金的取得、计息、偿还的相关账务处理。

信达工厂2009年12月1日有关账目期初余额如下（单位：元）：

短期借款	400 000	
长期借款	3 000 000	
应付账款	北方机械厂	58 500
	南方机械厂	5 000
	蓝天公司	1 897 155
应付票据	商业承兑汇票（神鸟公司）	285 000
应付债券	面值	10 000 000（3年；利率3.5%）
	应计利息	420 000（已提1年利息）

2009年12月，信达工厂有关经济业务如下：

（1）1日，取得短期借款。（见表5-1）

表5-1 中国工商银行借款凭证（回单）

2009年12月1日　　　　　　　　　　　　　　　第　号

借款人	全　称	信达工厂	收款人	全　称	信达工厂
	账　号	888345678911		账　号	888345678911
	开户银行	市工行文二路办事处		开户银行	市工行文二路办事处
人民币（大写）		贰拾万圆整		百十万千百十元角分 ¥ 2 0 0 0 0 0 0 0	
借款用途		生产经营周转用	上述借款已转入你单位账户，借款到期时应按期归还。此致		
借款利息		3‰			
借款期限		2009年12月30日			
单位主管：　　会计：刘天娥　复核：　　记账：			银行盖章：　　　　　　　　　2009年12月1日		

（2）5日，取得长期借款。（见表5-2）

表5-2 中国工商银行借款凭证（回单）

2009年12月5日　　　　　　　　　　　　　　　第　号

借款人	全　称	信达工厂	收款人	全　称	信达工厂
	账　号	888345678911		账　号	888345678911
	开户银行	市工行文二路办事处		开户银行	市工行文二路办事处
人民币（大写）		玖拾万圆整		百十万千百十元角分 ¥ 9 0 0 0 0 0 0 0	
借款用途		付基建款	上述借款已转入你单位账户，借款到期时应按期归还。此致		
借款利息		5‰			
借款期限		2009年12月5日			
单位主管：　　会计：刘天娥　复核：　　记账：			银行盖章：　　　　　　　　　2009年12月5日		

(3) 10日，收到绿叶公司投资款100 000元。（见表5-3）

表5-3　中国工商银行进账单（回单）

2009年12月10日　　　　　　　　　　　　　　　　　　　　　　　　　　　第53号

出票人	全称	绿叶公司	收款人	全称	信达工厂									
	账号	9125123456		账号	888345678911									
	开户银行	市工行绵远路办事处		开户银行	市工行文二路办事处									
金额	人民币 （大写）：壹拾万圆整					千	百	十	万	千	百	十	元	角	分
						¥	1	0	0	0	0	0	0	0	0
票据种类	转账支票	票据张数	1	收款人开户行盖章：										
票据号码														
单位主管：　　会计：刘天娥　　复核：　　记账：														

(4) 16日，星星电机厂投入设备一台。（见表5-4、表5-5）

表5-4　固定资产转移单

投入单位：信达工厂　　　　　2009年12月　　　　　　　　　　单位：万元

名称	规格	单位	数量	使用年限/年	已使用年限/年	原值	已提折旧/%	评估价
发电机组	300kW	台	1	10	2	350	70	305
投出单位	星星电机厂				投入单位	信达工厂		
经办人	王红星				经办人	刘天娥		

表5-5　投入固定资产验收单

2009年12月　　　　　　　　　　　　　　　　　　　　　　　　　　　单位：万元

名称	规格	单位	数量	使用年限/年	已使用年限/年	投出单位账面价值			评估价	备注
						原值	折旧	净值		
发电机组	300kW	台	1	10	2	350	70	280	305	无须安装
投出单位	星星电机厂									
设备科				负责人				经办人	刘天娥	

(5) 22日，使用资本公积转增资本。（见表5-6）

表5-6　关于用资本公积转增资本的协议

关于用资本公积转增资本的协议（摘要）

厂领导：

　　经研究决定用资本公积200万元转增资本。

信达工厂

2009年12月22日

（6）25日，支付前欠货款。（见表5-7）

表5-7 中国工商银行转账支票存根

支票号码：05422680	
科　　目：_____	
对方科目：_____	
签发日期：2009年12月25日	
收款人：北方机械厂	
金　　额：￥58 500.00	
用　　途：偿还前欠货款	
备　　注：上月购料欠款	
单位主管：	会计：刘天娥
复核：	记账：

（7）30日，发行债券，收到款项。（见表5-8）

表5-8 中国工商银行进账单（回单）

2009年12月30日　　　　　　　第　号

出票人	全称	信达工厂	收款人	全称	信达工厂
	账号	912345678		账号	888345678911
	开户银行	市工行文二路办事处		开户银行	市工行文二路办事处

金额	人民币（大写）：壹拾万圆整	千	百	十	万	千	百	十	元	角	分
			￥	1	0	0	0	0	0	0	0

票据种类	转账支票	票据张数	1	收款人开户行盖章
票据号码				备注：发行债券，票面利率4‰
单位主管：	会计：刘天娥	复核：	记账：	

（8）30日，支付债券发行费用。（见表5-9、表5-10）

表5-9 发　票

客户：信达工厂　　　　　2009年12月30日　　　　　No：7564278

货物	规格	单位	数量	价格/元	金额							
					百	十	万	千	百	十	元	角	分
印债券		张	10 000	0.08					￥8	0	0	0	0
人民币（大写）：捌佰圆整			合计						￥8	0	0	0	0

收款人：刘小丽　　　　　　　　　　　　　　　　　　　　　开票：王向辉

表5-10 中国工商银行转账支票存根

```
支票号码：02422680
科    目：_____
对方科目：_____
签发日期：2009年12月30日
收款人：华夏印刷公司
金    额：¥800.00
用    途：债权发行费
备    注：
单位主管：         会计：刘天娥
复核：             记账：
```

（9）30日，预提利息。（见表5-11）

表5-11 应付利息计算表

2009年12月30日　　　　　　　　　　　　　　　　　　　　　　　　单位：元

贷款银行	借款种类	累计积数	利率	利息额
海州市工行	生产周转借款	12 000 000	3‰	1 200
海州市工行	固定资产借款	90 000 000	5‰	15 000

（10）30日，归还借款本息。（见表5-12）

表5-12 中国工商银行还款凭证（回单）

2009年12月30日　　　　　　　　　　　　　　第66号

借款人	全称	信达工厂	收款人	全称	信达工厂								
	账号	888345678911		账号	888345678911								
	开户银行	市工行文二路办事处		开户银行	市工行文二路办事处								
人民币（大写）		贰拾万圆整			百	十	万	千	百	十	元	角	分
					¥	2	0	0	0	0	0	0	0
借款用途		生产经营周转用	上述借款已从你单位账户转还 此致										
借款利息		6‰											
借款期限		2009年12月30日											
单位主管：　　会计：刘天娥　　复核：　　记账：			银行盖章　　　　　　　　2009年12月30日										

资金核算岗位实训要求：

（1）依据借款凭证回单办理借款业务并进行账务处理；

（2）依据投入固定资产验收单进行账务处理；

（3）依据借款利息单进行账务处理；

（4）依据发行债券的资料进行账务处理；

（5）依据银行还款凭证进行账务处理。

> **项目资料（六）**
>
> **财务成果核算岗位实训资料**
>
> 项目理论链接6：财务成果核算岗位实训目的
>
> 通过实训，学生可以掌握以下技能，可以胜任财务成果核算岗位的工作：
>
> （1）掌握销售、利润及利润分配的核算方法和程序；
>
> （2）能够计算并结转企业财务成果。

信达工厂是一家股份制工业企业，注册资本为300万元，其中国家60%、法人40%。该工厂为增值税一般纳税人。有关账户12月初的期初余额如表6-1所示。

表6-1　有关账户12月初的期初余额

品名	规格	单位	数量	单位成本/（元·台$^{-1}$）	总金额/元
机械压力机	80T	台	60	13 750	825 000
剪切机	1.5T	台	30	3 150	94 500

"管理费用"总分类账户上月借方发生额87 869元。

"应交税费——应交增值税"（进项税额）借方余额47 510元。

12月份信达工厂的会计收到的有关单据、凭证如表6-2～表6-19所示。

表6-2　海州市增值税专用发票

开票日期：2009年12月1日　　　　　　　　　　　　　　No：09139

购货单位	名　　称	大同市国荣公司	纳税人登记号	1391358163279631	
	地址、电话	大同市东街118号　2236283	开户银行及账号	大同市工行　406321	
商品或劳务名称	计量单位	数量	单价/元	金额/元	税率/%	金额/元
机械压力机	台	30	25 000	750 000.00	17	127 500.00
合计				￥750 000.00		￥127 500.00
价税合计（大写）		捌拾柒万柒仟伍佰圆整				￥877 500.00
销货单位	名　　称	信达工厂	纳税人登记号	6666777788889999	
	地址、电话	海州市　87777796	开户银行及账号	海州市工行文二路办　888345678911	

收款人：刘明　　　　　　　　　　　　　　　　　开票单位（未盖公章无效）：

（第四联：记账联　销贷方记账凭证）

表6-3 委托银行收款结算凭证（收账通知）　　付款期限：　年　月　日

委托日期：2009年12月4日　　延期期限：　年　月　日

收款单位	全称	信达工厂		付款单位	全称	大同市国荣公司
	账号	888345678911			账号或地址	406321
	开户银行	海州市工行文二路办事处	行号 2875		开户银行	大同市工行长江路支行
委收金额	人民币（大写）：捌拾柒万柒仟伍佰圆整					￥877 500.00
款项类型	货款	委托收款凭证名称			附寄单证张数	1
备注：	上列款项： （1）已全部划回，收入你方账户； （2）已收回部分款项，收入你方账户； （3）全部未收妥。 （收款单位开户行盖章） 　　　　　　　月　日			科目：_____ 对方科目：_____ 转账：　年　月　日 单位主管：　　　　会计： 复核：　　　　　　记账：		

付款单位开户行：　　　　　收到日期：　年　月　日　　　　　支付日期：　年　月　日

（注：此联是收款单位开户银行在款项收妥后给收款单位的收账通知）

表6-4（一）　海州市增值税专用发票

开票日期：2009年12月4日　　No：09182

购货单位	名称	市大华公司		纳税人登记号		1158246832164317	
	地址、电话	西河市东街　87653298		开户银行及账号		市工行黄河路办事处　403812	
商品或劳务名称		计量单位	数量	单价/元	金额/元	税率/%	金额/元
剪切机		台	20	5 000.00	100 000.00	17	17 000.00
合计					￥100 000.00		￥17 000.00
价税合计（大写）		壹拾壹万柒仟圆整					￥117 000.00
销货单位	名称	信达工厂		纳税人登记号		6666777788889999	
	地址、电话	海州市　87777796		开户银行及账号		海州市工行文二路办事处　888345678911	

收款人：刘明　　　　　　　　　　　　　开票单位（未盖公章无效）：

（第四联：记账联　销货方记账凭证）

表6-4（二）　中国工商银行　进账单（回单）

第　号

出票人	全称	市大华公司	收款人	全称	信达工厂								
	账号	403812		账号	888345678911								
	开户银行	市工行黄河路办事处		开户银行	海州市工行文二路办事处								
金额	人民币（大写）：壹拾壹万柒仟圆整				千	百	十	万	千	百	十	元	角	分
					￥	1	1	7	0	0	0	0	0
票据种类	转账支票	票据张数	1	收款人开户行盖章									
票据号码													
单位主管：　　会计：　　复核：　　记账：													

表6-5（一） 海州市增值税专用发票

开票日期：2009年12月9日　　　　　　　　　　　　　　　　No：19368

购货单位	名　称	市光明公司		纳税人登记号		4163464873021968	
	地址、电话	市花园路105号　86865559		开户银行及账号		市工行淮河路支行　432119	
商品或劳务名称		计量单位	数量	单价/元	金额/元	税率/%	金额/元
机械压力机		台	2	25 000	50 000.00	17	8 500.00
合计					￥50 000.00		￥8 500.00
价税合计（大写）		伍万捌仟伍佰圆整				￥58 500.00	
销货单位	名　称	信达工厂		纳税人登记号		6666777788889999	
	地址、电话	海州市　87777796		开户银行及账号		海州市工行文二路办事处　888345678911	

收款人：刘明　　　　　　　　　　　　　　　　　　　　　开票单位（未盖公章无效）

（第四联：记账联　销贷方记账凭证）

表6-5（二） 代垫运费清单

委托单位：市光明公司　　　　　　　　　　　　　　　　　　　　2009年12月9日

货物名称：机械压力机				备注
项目	金额	单据张数	单据号码	
铁路运费	1 000.00			
路装费				
包装费				
合计	1 000.00			
人民币（大写）：壹仟圆整				

表6-5（三） 中国工商银行转账支票存根

支票号码：11467

科　　目：_____

对方科目：_____

签发日期：2009年12月9日

收款人：海州市铁路局

金　额：1 000.00元

用　途：付运费

备　注：代垫

单位主管：　　　　　　会计：

复核：　　　　　　　　记账：王平

表6-5（四）　商业承兑汇票

签发日期：2009年12月9日　　　　　　　　　　　　　第XI0680851号

收款人	全称	市专用设备进出口公司			付款人	全称	市光明公司		
	账号	432168				账号	432119		
	开户行	市工行黄山路支行	行号	8077		开户行	市工行天山路支行	行号	4566
汇票金额		人民币 （大写）：伍万玖仟伍佰圆整			千 百 十 万 千 百 十 元 角 分				
					￥ 5 9 5 0 0 0 0				
汇票到期日		2010年2月9日			交易合同号码		11432		
本汇票已经由本单位承兑，到期日无条件支付票款。 　此致 　　收款人盖章：					汇票签发人盖章： 负责人：　　　　经办人：				

（此联是收款人开户行随结算凭证寄付款人开户行作付出传票附件）

表6-6（一）　海州市增值税专用发票

开票日期：2009年12月13日　　　　　　　　　　　　　No：16345

购货单位	名称	市机电设备厂		纳税人登记号		4647357987289634	
	地址、电话	市建设路577号　89796656		开户银行及账号		市工行建设路支行　412336	
商品或劳务名称		计量单位	数量	单价/元	金额/元	税率/%	金额/元
包装物租金					3 000.00	17	510.00
合计					￥3 000.00		￥510.00
价税合计（大写）		叁仟伍佰壹拾圆整					￥3 510.00
销货单位	名称	信达工厂		纳税人登记号		6666777788889999	
	地址、电话	海州市　87777796		开户银行及账号		海州市工行文二路办事处　888345678911	
收款人：刘明					开票单位（未盖公章无效）：		

（第四联：记账联　销货方记账凭证）

表6-6（二）　中国工商银行　进账单（回单）

　　　　　　　　　　　　　　　　　　　　　　　　　　　　　　　第　　号

出票人	全称	市机电设备厂	收款人	全称	信达工厂							
	账号	412336		账号	888345678911							
	开户银行	市工行建设路支行		开户银行	海州市工行文二路办事处							
金额	人民币 （大写）：叁仟伍佰壹拾圆整				千	百	十	万	千	百	十	元	角	分
								￥	3	5	1	0	0	0
票据种类	转账支票	票据张数	1	收款人开户行盖章								
票据号码												
单位主管：　　会计：　　复核：　　记账：												

表6-7（一）　　中国工商银行转账支票存根

支票号码：11468
科　　目： _____
对方科目： _____
签发日期：2009年12月14日
收款人：市电视台
金　　额：￥5 000.00
用　　途：广告费
备　　注：
单位主管：　　　　　会计：
复核：　　　　　　　记账：王平

表6-7（二）　　收　　据

2009年12月14日　　　　　　　　　　　　　　　　　　No：6913

交款单位：	信达工厂	交款方式：	现金
人民币（大写）：	伍仟圆整		￥5 000.00
收款事由：	广告费		
单位盖章：海州市税务局监制		经手人：刘丁	

表6-8　已销产品生产成本计算表

2009年12月20日　　　　　　　　　　　　　　　　　单位：元

产品名称	规格型号	计量单位	销售数量	单位成本	已销售产品生产成本
机械压力机	80T	台	32	13 750.00	440 000.00
剪切机	1.5T	台	20	3 150.00	63 000.00
合计					503 000.00

表6-9　增值税、城建税及附加计算表

2009年12月21日　　　　　　　　　　　　　　　　　单位：元

项目	增值税					城市维护建设税（7%）	教育费附加（3%）	合计
	销项税额	进项税额转出	进项税额	已交税金	应交税额			
产品销售	153 000.00							
其他销售	510.00							
合计	153 510.00		47 510.00		106 000.00	7 420.00	3 180.00	10 600.00

表6-10（一） 中华人民共和国增值税缴款书

隶属关系：
经济类型　　　　　　　　填发日期：2009年12月22日　　　　　缴　字　号
　　　　　　　　　　　　　　　　　　　　　　　　　　　　　　收入机关

缴款单位（人）	代码	8225243	预算科目	款	
	全称	信达工厂		项	
	开户银行	海州市工行		级次	市级
	账号	888345678911	收款国库	市中心支库	

税款所属日期：2009年12月22日			税款限缴日期：2009年12月30日	
品目名称	课税数量	计税金额或销售收入	税率或单位税额	已缴或扣除额	实缴税额
机械压力机	32台	800 000.00			
剪切机	20台	100 000.00			
其他销售		3 000.00			
小计		903 000.00	17%	47 510.00	￥106 000.00
金额合计		壹拾万陆仟圆整			

| 缴款单位（人）（盖章）：经办人（章）： | 税务机关（盖章）：填表人（章）： | 上列款项已收妥并划转收款单位账户　国库（银行）盖章　年　月　日 | 备注 |

1. 无银行收讫章无效，逾期不缴按税法规定加收滞纳金；
2. 第一联（收据）国库（经收处）收款盖章后退缴款单位（人）作完税凭证。

表6-10（二） 中国工商银行转账支票存根

支票号码：11469
科　　目：_____
对方科目：_____
签发日期：2009年12月22日

| 收款人：海州市税务局 |
| 金　额：￥106 000.00 |
| 用　途：上缴增值税 |
| 备　注： |
| 单位主管：　　　　会计： |
| 复核：　　　　　　记账：王平 |

表6-11（一） 海州市税务局

城市维护建设税专用缴款书　　　　　　　　（　）西税城建字

填发日期：2009年12月23日　　　　　　　　隶属关系：市局

　　　　　　　　　　　　　　　　　　　　　经济类型：全民

收款单位	收入机关	海州市税务局	缴款单位	全　称	信达工厂
	预算级次	市级		账　号	888345678911
	收款国库	市中心支库		开户银行	海州市工行文二路办事处

税款所属日期：2009年12月23日				税款限缴日期：2009年12月30日								
税别	计税税款/元	企业所在地	税率/%	应纳税款								原填票证字号
				万	千	百	十	万	千	百	十	元	角	分	
城建	106 000.00	海州市北路	7					7	4	2	0	0	0	字号
														字号
合计							¥	7	4	2	0	0	0	—

总计金额人民币（大写）：柒仟肆佰贰拾圆整

缴款单位（盖章）	税务机关（盖章）	上列款项已收妥并划转收款单位账户国库（银行）盖章 2009年12月23日	备注

表6-11（二） 中国工商银行转账支票存根

支票号码：11470

科　　目：_____

对方科目：_____

签发日期：2009年12月23日

收款人：海州市税务局
金　　额：¥7 420.00
用　　途：上缴城建税
备　　注：
单位主管：　　　　　　会计： 复核：　　　　　　　　记账：王平

表6-12（一）　海州市税务局教育费附加专用缴款凭证

填发日期：2009年12月24日　　　　　　（2009）海教字23

收款单位	收入机关	海州市税务局	缴款单位	全称	信达工厂									
	预算级次	市级		账号	888345678911									
	收款国库	市中心支库		开户银行	海州市工行文二路办事处									
税别	所属时间		计征税额	附加率/%	附加费金额									
	年	月			万	千	百	十	万	千	百	十	元	角	分
教育费附加	2009	12	106 000.00	3						3	1	8	0	0	0
合计									¥	3	1	8	0	0	0

金额合计（大写）：叁仟壹佰捌拾圆整

缴款单位（盖章）	税务机关（盖章）专管员（章）	上列款项已从缴款单位账户支付，并划转收款单位账户国库（银行）盖章　　　　年　月　日	会计分录　收：　　　付：	备注

表6-12（二）　中国工商银行转账支票存根

支票号码：11471
科　　目：_____
对方科目：_____
签发日期：2009年12月24日

收款人：海州市税务局

金　　额：¥3 180.00

用　　途：上缴教育费附加税

备　　注：

单位主管：　　　　　会计：
复核：　　　　　　　记账：王平

表6-13　海州市工商银行借款利息通知单

户名：信达工厂　　　　　　　　　　　　　　　　　　　　　　　　　科目账号：432168

计息期	积数/元	利息额/元
2009年10月1日至12月30日	8 897 894.50	8 700.00
人民币（大写）	捌仟柒佰圆整	

上列借款利息已如数从你单位往来户转出

　　　　　　　　　　　　　　　　　　　　　　　　　　　　　　　　2009年12月26日

表6-14（一） 收　据

2009年12月27日　　　　　　　　　　　　　　　　　　　　　　　　　No：3195

交款单位：	海州市美能达公司	交款方式：	现金
人民币（大写）：	贰万捌仟圆整		￥28 000.00
收款事由：	股利		
单位盖章：海州市专用设备公司		经手人：刘丁	

表6-14（二）　中国工商银行　进账单（回单）

第　号

出票人	全　称	海州市美能达公司	收款人	全　称	信达工厂									
	账　号	401345		账　号	888345678911									
	开户银行	海州市工行青山路支行		开户银行	海州市工行文二路办事处									
金额	人民币（大写）：贰万捌仟圆整				千	百	十	万	千	百	十	元	角	分
								￥2	8	0	0	0	0	0
票据种类	转账支票	票据张数	1	收款人开户行盖章										
票据号码														
单位主管：	会计：	复核：	记账：											

表6-15　固定资产盘盈盘亏报告表

编报单位：信达工厂　　　　　2009年12月28日　　　　　　　　　　　　单位：元

名称及规格	计算单位	盘盈			盘亏			毁损			原因
		数量	重置价值	估计已提折旧	数量	原价	已提折旧	数量	原价	已提折旧	
电焊机		1	2 000	200							
处理意见	审批部门				清查小组			使用部门			
	准予转账				情况属实			原借单位撤销			

表6-16（一）　中国工商银行转账支票存根

支票号码：11472
科　目：_____
对方科目：_____
签发日期：2009年12月29日
收款人：海州市希望工程办公室
金　额：￥5 000.00
用　途：捐款
备　注：
单位主管：　　　　　会计：
复核：　　　　　　记账：王平

表6-16（二） 收　　据

2009年12月29日　　　　　　　　　　　　　　　　　　　　　No：1334

交款单位：	海州市信达工厂	交款方式：	现金
人民币（大写）：	伍仟圆整		￥5 000.00
收款事由：	希望工程捐款		
单位盖章：	海州市希望工程办公室	经手人：	刘丁

表6-17　所得税计算表

2009年12月31日

利润总额	加减调整项目	应纳所得税额	所得税比率	应交所得税
			33%	

表6-18（一）　海州市税务局企业所得税专用缴款书

缴款单位

隶属关系

类型　　　　　　　　　填发日期：2009年12月31日

（无银行收讫章无效）　　　　　　　　　　　　　缴款限期　年　月　日

收款单位	收入机关	海州市税务局	缴款单位	全称	信达工厂		
	预算级次	市级		地址	海州市北路	电话	87777796
	收款金库	市中心支库		开户银行	海州市工行文二路办事处	账号	888345678911

预算科目款			税款所属时间		2009年12月31日								
实际利润额	纳税所得额	税率/%	速算扣除数	应征所得税额	已交所得税额	本次入库税							
						千	百	十	万	千	百	十	元	角	分
税款合计													
滞纳金	逾期　天　每天按税款合计加收千分之一												
总计人民币（大写）：													

缴款单位（盖章）	税务机关（盖章）专管员（章）	上列款项已收妥并划转收款单位账户国库（银行）盖章　年　月　日	备注

注：（1）第一联（收据）国库收款盖章后退缴款单位。

表6-18（二） 中国工商银行转账支票存根

支票号码：11473
科　　目：_____
对方科目：_____
签发日期：2009年12月31日
收款人：海州市税务局
金　　额：
用　　途：上缴所得税
备　　注：
单位主管：　　　　　　会计：
复核：　　　　　　记账：王平

表6-19　利润分配计算表

2009年12月31日

净利润		可供分配利润	
项目	子目	分配率	分配额
法定盈余公积		10%	
任意盈余公积		15%	
应付普通股股利	国家	36%	
应付普通股股利	法人	24%	
合计			

财务成果核算岗位实训要求：

（1）开设"应交税费——应交增值税""管理费用""库存商品"明细账。

（2）登记"应交税费""管理费用""库存商品"明细账已发生的会计事项。

（3）根据原始凭证编制记账凭证，登记所开设的明细账。

（4）运用账结法将"主营业务收入""其他业务收入""投资收益""营业外收入"的科目余额转入"本年利润"科目。将"主营业务成本""销售费用""营业税金及附加""财务费用""管理费用""营业外支出"科目余额转入"本年利润"科目。

（5）将"所得税费用"科目余额转入"本年利润"科目。

（6）年终，将本年收入和支出相抵后结算出本年实现的净利润，转入"利润分配"科目。

（7）年终，将"利润分配"下其他明细科目的余额转入"利润分配——未分配利润"科目。

（8）结算出各明细账余额。

项目资料（七）

稽核岗位实训资料

项目理论链接7：稽核岗位实训目的

通过实训，学生能够掌握以下技能，能够胜任稽核岗位的工作：

（1）了解稽核的业务范围和工作流程的具体规定；

（2）依据会计稽核的核算内容及注意事项进行稽查。

项目理论链接8：稽核岗位的工作性质

稽核就是对会计核算的全过程，从填制会计凭证、设置账户、登记账簿、成本核算、利润计算、财产清查，到编制财务会计报表所进行的一系列工作和事后的审核、稽查、监督活动。

项目理论链接9：会计稽核的作用

（1）开展常规稽核，促进企业合法经营；

（2）开展内部控制的评审，增强科学管理意识；

（3）开展效益稽核，促进自我发展，不断增强企业竞争力。

项目理论链接10：稽核岗位业务范围

稽核岗位一般由主管及稽核组的成员来负责，有会计核算和内部稽核职责。会计主管一般是会计科负责人，稽核工作主要是审核各会计编制的记账凭证、登记的会计账簿和有关财务会计报表是否有误。稽核的业务范围包括：账务稽核、业务稽核和财务稽核。

海州市信达工厂下属的建材公司是一个专门从事建筑材料供销的国有企业，主要经销的商品有各种规格的钢材、木材、玻璃、金属制品、化工油漆、水暖材料、砖瓦砂石等硅酸盐制品；主要销售对象是全市基建施工单位。在确保基建任务用料的前提下，还适量面向社会销售砖瓦、砂石等硅酸盐制品。一般采用送货合同制，社会销售采用提货制。凡本市基建用料，采用市政府批准的销售预算价，用转账支票进行结算。商品采购渠道有国家统配、地方采购和委托加工。公司下设三个供应站和一个运输队，经营具体供应业务和运输任务，均不实行独立核算，财务收支由每个基层单位的总务负责办理，定期报公司财务科汇总核算。在库存现金管理中缺乏内部牵制，例如：

（1）现金支票和印鉴印章由出纳一人掌管，没有具体分工，出纳可以直接向银行提取现金；

（2）银行存款余额调节表由出纳编制，但无人审核；

（3）各部门的业务收入，由各部门自行收取，财务部门把盖有收讫章的空白收据交有关部门，但收据用完也不将存根交回财务部门核销，因而发生了私设小金库或挪用贪污库存现金等情况；

（4）库存现金报销单据没有严格的核销手续。

根据上述情况，稽核部门对公司及其基层的库存现金收支凭证进行了详细检查。

稽核中查实的问题：

财务科出纳员陈××利用职务之便，在2008年一年中，贪污库存现金143 520元，手法是私吞银行存款利息。2008年3月20日，银行为该公司结算第一季度利息，结息单金额34 510元，出纳并未入账，而于3月22日以发放奖金的名义开具现金支票24 000元；3月31日又以发放津贴的名义开具现金支票10 510元，这样便把一季度全部利息提取库存现金，中饱私囊。在编制银行存款余额调节表时，就数额予以轧平，蒙混过关。根据这一情况，对2008年第二、三、四季度的利息做详细检查，发现陈××以同样的手法，贪污了三个季度的利息共达104 110元。3月24日，银行转来废料回收款计1 660元的收账通知，陈××没有计入银行存款账，而另行填制库存现金解款单，金额60元，然后把解款单回单联金额改为1 660元，这样又贪污了1 660元。6月7日，11月21日又分别两次用这种手法贪污了废料回收款计3 330元。

在检查第一供应站收据存根时，发现收款不入账的有：6月5日，A公社修建队来公司购买水泥梁40根，计3 200元；9月5日，职工赵某购旧木料50根，计250元；10月14日，A公社预制场购平板玻璃10箱，计2 570元。设备科孙某利用联系业务之机，非法诈取B县修造厂业务费1 050元。供销科采购员张某利用外厂已作废的旧发票，虚报冒领库存现金880元。

违反财经纪律问题：

（1）2月3日，收甲砖瓦厂代垫铁路运费4 750元；5月2日，收市水运公司修船费20 500元，等等，均未通过银行办理转账结算，直接收取库存现金，也未及时解存银行。

（2）第二供应站领导未经公司同意，擅自从应发2007年度工作质量奖中提取1 500元，连同提取超产奖结余280元、职工违章罚款850元、废品回收款1 200元，共计3 830元，私自设立小金库，作不正当开支之用。检查时发现已支用的有：购茶叶120元；春节茶话会糖果150元；招待区防疫站卫生检查人员等费用360元，尚存3 200元。

（3）该公司与外地某厂有购销业务关系，当外地厂在本市购买其他物资而无法在本市银行办理货款结算时，该公司即为垫付，而在"应付该厂的货款"中进行抵扣，这是变相为他厂提供银行账号，2007年这种垫付互抵的货款已达100万余元。

财务管理上的问题：

公司财务管理上除了分工不明、责任不清外，还存在以下两方面问题：

（1）把收款分散到各业务部门；收款的重要原始凭证——收据的管理、核销制度不严，其中运输队收据整本丢失或缺页，不严格追查责任，不了了之，给公司造成了不应有的损失。

（2）财务工作人员责任心不强、工作不认真，审核凭证非常马虎，有些支出凭证未经有关经手人、证明人、领导人签字，有些外来凭证无签发单位的印章，均照付不误。

稽核岗位实训要求：

（1）分析案例，理解并运用会计稽核岗位的相关规定；

（2）正确运用稽核岗位的专业知识指出案例中存在的问题。

项目资料（八）

总账报表岗位实训资料

项目理论链接11：总账报表岗位实训目的

通过实训，学生能够掌握以下技能，能够胜任总账报表岗位的工作：

（1）领会和熟悉总账报表岗位的业务内容；

（2）能够准确规范登记总账，编制试算平衡表、资产负债表、利润表及利润分配表，具备总账报表岗位会计核算的工作能力。

项目理论链接12：总账报表岗位的工作性质

为了完成单位总账及其相应的各种账簿的建账、记账、对账和结账等工作，并根据总账记录编制各种财务会计报表，以提供财务信息，各单位一般都需要设置总账报表岗位。总账报表岗位在整个会计岗位中处于核心地位，与各会计岗位有着信息交流与传递关系，处理具体经济业务的各会计岗位最终都要将会计资料和财务信息汇总账报表岗位，反映企业整体财务状况和经营成果信息，最终要由总账报表岗位完成并提供。因此，总账报表岗位在企业会计核算工作中具有不可替代的重要作用。

项目理论链接13：总账报表岗位的业务范围

（1）登记总账；

（2）对账、结账并对总账进行试算平衡；

（3）编制财务会计报表；

（4）负责管理会计凭证、会计账簿和财务会计报表。

信达工厂有一个基本生产车间，生产甲产品和乙产品。企业适用的增值税税率为17%（运费不抵扣增值税），所得税率为33%，盈余公积按月计提，计提比例为10%。为简化核算，其他税务不计提。

会计核算政策及有关会计核算规定为：

（1）设"在途物资"账户核算材料采购业务，材料采购费用逐笔按采购时的重量比例分配，材料采购成本在材料入库时结转。直接人工和制造费用按产品生产工时比例分配。

（2）原材料、产成品按实际成本计价，发出材料或产品计价均采取月底一次加权平均法。

（3）产成品按品种法进行核算，生产用材料全部外购。

（4）固定资产折旧采用综合折旧率，月折旧率为0.8%。

（5）采用科目汇总表核算形式，全月汇总一次。

（6）单位成本计算保留两位小数，分配率计算保留四位小数。

信达工厂2009年12月初有关账户期初余额如表8-1所示：

表8-1 信达工厂2009年12月初有关账户期初余额

单位：元

总账科目	明细科目	借方余额	贷方余额	资料说明
库存现金		2 200.00		
	现金日记账	2 200.00		
银行存款		126 800.00		
	银行存款日记账	126 800.00		
应收账款		73 500.00		
	大地公司	73 500.00		
其他应收款		1 000.00		
	刘华	1 000.00		
在途物资		20 000.00		
	兴旺工厂	无		
	北方公司	20 000.00		
原材料		88 000.00		
	1#材料	60 000.00		12 000 kg@5.00
	2#材料	28 000.00		8 000 kg@3.50
库存商品		182 000.00		
	甲产品	108 000.00		9 000包@12.00
	乙产品	74 000.00		9 250包@8.00
其他应收款		8 160.00		
	待摊财产保险费	8 160.00		分12个月摊销，参见备注
	待摊报刊费	无		
固定资产		600 000.00		车间400 000.00元，行政部门200 000.00元
累计折旧			66 800.00	
待处理财产损溢		无		
	待处理流动资产损溢	无		

续表

总账科目	明细科目	借方余额	贷方余额	资料说明
短期借款			60 000.00	
	建行庐山路办事处		60 000.00	利率5%,上年10月15日借入,6个月
应付账款			15 000.00	
	华星公司		9 360.00	
	广园公司		5 640.00	
应付职工薪酬			31 000.00	
应交税费				
	应交增值税		无	
	应交所得税		无	
应付利息			625.00	
	预提借款利息		625.00	
实收资本			880 000.00	
资本公积			27 600.00	
盈余公积			42 400.00	
本年利润			无	
利润分配			6 235.00	
	提取盈余公积		无	
	未分配利润		6 235.00	
生产成本		28 000.00		
	基本生产成本(甲产品)	28 000.00		成本项目参见备注
	基本生产成本(乙产品)	无		
制造费用		无		
主营业务收入			无	
主营业务成本		无		
销售费用		无		
管理费用		无		
财务费用		无		
营业外支出		无		
所得税费用		无		
合计		1 129 660.00	1 129 660.00	

注:(1)其他应收款——待摊财产保险费8 160元,其中车间4 800元,行政部门3 360元。

（2）生产成本——基本生产成本（甲产品）月初直接材料13 000元，直接人工费用11 000元，制造费用4 000元。

信达工厂2009年1月份发生下列经济业务（部分业务原始凭证省略）：

（1）1日，向兴旺工厂购入材料，对方代垫运杂费，签发转账支票付款，材料已收。（见表8-3～表8-9）（填制单据）

（2）2日，刘华出差归来，报销差旅费。（见表8-10、表8-11）（填制单据）

（3）3日，销售给海州股份有限公司（纳税人登记号：4400316；电话：83568902）甲产品6 000包，单价20元（不含税，下同），乙产品7 000包，单价15元。已开出增值税专用发票，发出商品，收到转账支票，已解送银行。（见表8-12～表8-16）（填制单据）

（4）4日，收到北方公司发来材料，经验收无误，上月已付款。（见表8-17、表8-18）

（5）5日，领用材料，材料用途如表8-2所示。（见表8-19～表8-22）（填制单据）

表8-2 材料用途

材料用途	1#材料/kg	2#材料/kg
生产甲产品	8 000	5 500
生产乙产品	5 000	4 500
车间机物料	100	
行政部门物料消耗	80	
合计	13 180	10 000

（6）7日，签发转账支票，支付产品广告费10 000元。

（7）8日，以现金支付当日车间管理办公室在飞鸿文具店购买的文件夹25个，每个5元。（见表8-23）（填制单据）

（8）10日，委托银行信汇9 360元偿还前欠华星公司（开户银行：市工行青年路分行；账号：0200256302）货款。（见表8-24）（填制单据）

（9）11日，发现8日所购的文件夹不是车间管理办公室领用，而是行政部门领用，按规定更正错账。

（10）12日，购进设备一台，增值税专用发票上注明价款60 000元，增值税额10 200元，款已由银行支付，该设备已交付使用。

（11）13日，厂长张友报销业务招待费800元，以现金支付。

（12）15日，支付上年10月15日借入的短期借款季度利息750元。（本月应补提125元）

（13）15日，甲产品4 500包，乙产品4 000包完工，验收入库。（见表8-25、表8-26）（填制单据）

（14）16日，收到转账支票一张，系大地有限公司偿还货款。（见表8-27、表8-28）

（15）18日，签发转账支票预付本年度行政部门报刊费1 200元。

（16）19日，签发转账支票，通过市民政局对遭受地震的灾民捐款6 000元。

（17）20日，提取现金93 450元，备发工资。（见表8-29）（填制单据）

（18）20日，发放工资93 450元。（见表8-30～表8-32）

（19）20日，结转从职工应付工资中代扣的水电费1 550元。

（20）22日，张芝外出参加质量鉴定会，预借差旅费500元。（见表8-33）（填制单据）

（21）25日，从北方公司购入1#材料4 000kg，单价5.10元，2#材料2 000kg，单价3.50元，增值税税率17%，运杂费600元，材料未收，款项已由银行支付。

（22）27日，售给大地公司甲产品3 500包，乙产品4 000包。（见表8-34～表8-37）

（23）29日，财产清查中盘亏1#材料200kg，单价5元，原因待查。（见表8-38）

（24）30日，转销盘亏1#材料。（见表8-39）

（25）30日，甲产品4 100包、乙产品5 700包完工并验收入库。（见表8-40、表8-41）

（26）31日，向银行承付海州市供电局电费。（见表8-42～表8-44）

（27）31日，按月初固定资产计提本月折旧。（见表8-45）（填制单据）

（28）31日，结转本月发出材料成本。（见表8-46）（填制单据）

（29）31日，分配应付工资95 000元（甲产品工时为11 000小时，乙产品工时为9 000小时）。（见表8-47）（填制单据）

（30）31日，按应付工资总额的14%计提福利费。（见表8-48）（填制单据）

（31）31日，摊销待摊费用。（见表8-49）（填制单据）

（32）31日，预提本月短期借款利息125元。

（33）31日，分配制造费用。（见表8-50）（填制单据）

（34）31日，结转完工产品成本。甲产品本月完工8 600包，月底再产5 000包（其中直接材料费用16 500元，直接人工费用11 050元，制造费用3 500元）；乙产品9 700包本月全部完工。（见表8-51）（填制单据）

（35）31日，结转发出产品成本。

（36）31日，结转本月各项收入。

（37）31日，结转本月各项成本费用。

（38）31日，计提所得税费用（本月无应纳税调整项目）。（见表8-52）（填制单据）。

（39）31日，结转所得税费用。

（40）31日，计提盈余公积金。

总账报表岗位实训要求：

（1）根据账户期初余额表开设总账；

（2）根据所提供的经济业务内容摘要填制原始凭证（凡注明"填制单据"字样的均要填制）；

（3）根据原始凭证或汇总原始凭证填制通用记账凭证；

（4）根据记账凭证按月汇总，编制科目汇总表；

（5）根据科目汇总表定期登记总账，并进行对账和结账，编制总账试算平衡表；

（6）根据总账期末余额编制资产负债表、利润表；

（7）整理装订会计凭证。

表8-3　××省增值税专用发票（发票联）　　　　　　　　　　No: 02085703

开票日期：2009年12月1日　　　　　　　　　　　　　　　单位：元

购货单位	名　称	信达工厂			纳税人登记号							6666777788880000							
	地址、电话	广州市　87777796			开户银行及账号							市建行文二路办事处　888345678922							
商品或劳务名称	计量单位	数量	单价	金额								税率/%	税额						
				十	万	千	百	十	元	角	分		十	万	千	百	十	元	角	分
1#材料	kg	8 000	4.80		3	8	4	0	0	0	0	17			6	5	2	8	0	0
2#材料	kg	6 000	3.30		1	9	8	0	0	0	0	17			3	3	6	6	0	0
合　计				¥	5	8	2	0	0	0	0		¥		9	8	9	4	0	0
价税合计（大写）		陆万捌仟玖拾肆圆整										¥68 094.00								
销货单位	名　称	兴旺工厂		纳税人登记号								4400058073055666								
	地址、电话	广州市　86923564		开户银行及账号								市工行龙泉山路支行　00206896								
填票人：				收款人：陈华														开票单位：		

表8-4　××省增值税专用发票（抵扣联）　　　　　　　　　　No: 02085703

开票日期：2009年12月1日　　　　　　　　　　　　　　　单位：元

购货单位	名　称	信达工厂			纳税人登记号							6666777788880000							
	地址、电话	广州市　87777796			开户银行及账号							市建行文二路办事处　888345678922							
商品或劳务名称	计量单位	数量	单价	金额								税率/%	税额						
				十	万	千	百	十	元	角	分		十	万	千	百	十	元	角	分
1#材料	kg	8 000	4.80		3	8	4	0	0	0	0	17			6	5	2	8	0	0
2#材料	kg	6 000	3.30		1	9	8	0	0	0	0	17			3	3	6	6	0	0
合　计				¥	5	8	2	0	0	0	0		¥		9	8	9	4	0	0
价税合计（大写）		陆万捌仟玖拾肆圆整										¥68 094.00								
销货单位	名　称	兴旺工厂		纳税人登记号								4400058073055666								
	地址、电话	广州市　86923564		开户银行及账号								市工行龙泉山路支行　00206896								
填票人：				收款人：陈华														开票单位：		

表8-5 海州市运输收入发票

No：1002

顾客名称：信达工厂

2009年12月1日

项目及说明	单位	数量	收费标准	超过万元无效	金额							备注
					万	千	百	十	元	角	分	
运杂费						4	2	0	0	0	0	
合计人民币：肆仟贰佰圆整					合计	￥	4	2	0	0	0	0	

收款人：刘明　　　　　　　　　　　　　　　　　　　　　　开票单位：

表8-6 材料采购费用分配计算单

单位：元

材料名称	单价	重量	买价	运杂费			实际成本	单位成本
				分配标准	分配率	金额		
合计								

复核：刘维　　　　　　　　　　　　　　　　　　　　　　制单人：王阳

表8-7 收料单（财会联）

No：700210

供货单位：　　　　　　　　　　年　月　日

材料名称及规格	单位	单价	应收数量	金额	实收数量	金额

验收：刘维　　　　　　　　　　　　　　　　　　　　　　制单人：王阳

表8-8 收料单（财会联）

No：700211

供货单位：　　　　　　　　　　年　月　日

材料名称及规格	单位	单价	应收数量	金额	实收数量	金额

验收：刘维　　　　　　　　　　　　　　　　　　　　　　制单人：王阳

表8-9 中国建设银行支票存根

支票号码：02019015

科　目：_____

对方科目：_____

签发日期：　　年　月　日

| 收款人： |
| 金　额： |
| 用　途： |
| 备　注： |

单位主管：　　　　　　　会计：
复核：　　　　　　　　　记账：

表8-10 差旅费报销单

2009年12月2日　　　　　　　　　　　　　　　　　　　　　　　　　单位：元

项目	火车费	汽车费	市内交通	旅馆费	住宿费	补助	合计
数量		3			1		
金额		470.00			240.00	90.00	800.00
人民币（合计）				捌佰圆整			
出差事由		展销会		出差起止日期		12月1—2日	
借款人	王华	原借金额	1 000.00	实报金额	800.00	审批人	王友
附5张单据							

表8-11 收　据

年　月　日

今收到：_____

金额：捌佰圆整　　　　　　　　　　　　　　　￥800.00

（大写）

出纳：　　　　　　　　　　　　经手人：

表8-12 ××省增值税专用发票（发票联）　　　　　　No:

开票日期：　年　月　日

购货单位	名　称				纳税人登记号													
	地址、电话				开户银行及账号													
商品或劳务名称	计量单位	数量	单价	金额								税率%	税额						
				十	万	千	百	十	元	角	分		十	万	千	百	十	元	角	分
合计																				
价税合计（大写）																				
销货单位	名　称				纳税人登记号													
	地址、电话				开户银行及账号													

填票人：　　　　　　　　　收款人：　　　　　　　　　开票单位：

表8-13 成品出库单（财会联）　　　　　　No：22020

年　月　日

成品名称及规格	计量单位	出库数量	备注

经手人：刘阳　　　　　　　　　　　　　　　　　　保管员：王维

表8-14　成品出库单（财会联）　　　　　　　　　　　　　　　　　No：22020

年　月　日

成品名称及规格	计量单位	出库数量	备注

经手人：刘阳　　　　　　　　　　　　　　　　　　　　　　　　保管员：王维

表8-15　中国建设银行支票

No：02019015

出票日期（大写）：2009年12月3日　　　付款行名称：市建行文二路办事处
收款人：信达工厂　　　　　　　　　　　出票人账号：888345678922

本支票付款期限十天

人民币（大写）	贰拾陆万叁仟贰佰伍拾圆整	千	百	十	万	千	百	十	元	角	分
			￥	2	6	3	2	5	0	0	0

用途：支付货款
　　　上列款项请从
　　　我账户内支付
　　　出票人签章

科目（借）：_____
对方科目（贷）：_____
转账日期：　年　月　日
复核：　　　记账：

表8-16　中国工商银行进账单（回单）

年　月　日　　　　　　　　　　　　　　　　　　　　　　第　　号

出票人	全称		收款人	全称	
	账号			账号	
	开户银行			开户银行	

金额	人民币（大写）：	千	百	十	万	千	百	十	元	角	分

票据种类	支票	票据张数	1	收款人开户行盖章
票据号码				

单位主管：　　会计：刘天娥　　复核：　　记账：

表8-17　收料单（财会联）　　　　　　　　　　　　　　　　　　No：700212

供货单位：北方公司　　　　2009年12月4日　　　　　　　　　　单位：元

材料名称及规格	单价	应收数量/kg	金额	实收数量/kg	金额
1#材料	5.20	2 000	10 400.00	2 000	10 400.00

验收：刘维　　　　　　　　　　　　　　　　　　　　　　　制单人：王阳

表8-18　收料单（财会联）　　　　　　　　　　　　　　　　　　No：700213

供货单位：北方公司　　　　2009年12月4日　　　　　　　　　　单位：元

材料名称及规格	单价	应收数量/kg	金额	实收数量/kg	金额
2#材料	3.20	3 000	9 600.00	3 000	9 600.00

验收：刘维　　　　　　　　　　　　　　　　　　　　　　　制单人：王阳

表8-19　领料单（财会联）　　　　　　　　　　　　　　　　No：0113

用途：　　　　　　　　　　　　年　月　日

材料名称及规格	计量单位	请领数量	实发数量	备注

领料人：刘小环　　　　　　　　　　　　　　　　　　　　　发料人：刘维

表8-20　领料单（财会联）　　　　　　　　　　　　　　　　No：0114

用途：　　　　　　　　　　　　年　月　日

材料名称及规格	计量单位	请领数量	实发数量	备注

领料人：刘小环　　　　　　　　　　　　　　　　　　　　　发料人：刘维

表8-21　领料单（财会联）　　　　　　　　　　　　　　　　No：0115

用途：　　　　　　　　　　　　年　月　日

材料名称及规格	计量单位	请领数量	实发数量	备注

领料人：刘小环　　　　　　　　　　　　　　　　　　　　　发料人：刘维

表8-22　领料单（财会联）　　　　　　　　　　　　　　　　No：0116

用途：　　　　　　　　　　　　年　月　日

材料名称及规格	计量单位	请领数量	实发数量	备注

领料人：刘小环　　　　　　　　　　　　　　　　　　　　　发料人：刘维

表8-23　海州市商品销售统一发票　　　　　　　　　　　　　　No：1008

顾客名称及地址：　　　　　　　　年　月　日

项目及说明	单位	数量	收费标准	超过万元无效	金额							备注
					万	千	百	十	元	角	分	
合计（人民币）：				合计								

收款人：　　　　　　　　　　　　　　　　　　　　　　　　　开票单位：

表8-24 中国建设银行信汇凭证（回单）1

委托日期： 年 月 日   No：128630

出票人	全称			收款人	全称										
	账号或住址				账号或住址										
	汇出地点		汇出行			开户银行			汇入行						
金额	人民币（大写）：					百	十	万	千	百	十	元	角	分	

汇票用途：

上列款项已根据委托办理，如需查询，请持此单来行面洽   汇出行盖章

单位主管：   会计：   出纳：   记账：

表8-25 成品入库单（财会联）

年 月 日   No：8008

成品名称规格	计量单位	入库数量	备注

经手人：刘小环   保管员：王维

表8-26 成品入库单（财会联）

年 月 日   No：8009

成品名称规格	计量单位	入库数量	备注

经手人：刘帆   保管员：刘维

表8-27 中国建设银行支票

No：02019015

出票日期（大写）：2009年12月16日   付款行名称：市工行文二路办事处
收款人：信达工厂   出票人账号：888345678911

本支票付款期限十天

人民币（大写）	陆万圆整	千	百	十	万	千	百	十	元	角	分
					￥6	0	0	0	0	0	0

用途：支付货款   科目（借）：_____
上列款项请从   对方科目（贷）：_____
我账户内支付   转账日期： 年 月 日
出票人签章   复核：   记账：

表8-28 中国工商银行进账单（回单）

2009年12月16日

出票人	全称	大地有限公司	收款人	全称	信达工厂
	账号	0200668212		账号	888345678922
	开户银行	市工行天山路支行		开户银行	市建行文二路办事处

金额	人民币（大写）：陆万圆整	千	百	十	万	千	百	十	元	角	分
				¥	6	0	0	0	0	0	0

票据种类	转账支票	票据张数	1	收款人开户行盖章：
票据号码				

单位主管：　　会计：　　复核：　　记账：

表8-29 中国建设银行支票存根

支票号码：02019039
科　　目：_____
对方科目：_____
签发日期：　年　月　日
收款人：
金　　额：
用　　途：
备　　注：
单位主管：　　　　　会计：
复核：　　　　　　　记账：

表8-30 工资结算表

单位：元

管理部门：

姓名	基本工资	奖金	津贴	应付工资合计	代扣水电费	实发工资	签名
张友	2 500	1 000	800	4 300	80	4 220	张友
刘华	2 000	900	700	3 600	70	3 530	刘华
李阳	1 900	850	650	3 400	60	3 340	李阳
张芝	1 800	750	650	3 200	50	3 150	张芝
张三	1 700	700	600	3 000	40	2 960	张三
李四	1 500	600	400	2 500	30	2 470	李四
合计	11 400	4 800	3 800	20 000	330	19 670	

表8-31 工资结算表

车间管理员： 单位：元

姓名	基本工资	奖金	津贴	应付工资合计	代扣水电费	实发工资	签名
刘维	2 400	900	800	4 100	70	4 030	刘维
杜小联	2 300	900	800	4 000	60	3 940	杜小联
吕明庆	2 200	900	800	3 900	50	3 850	吕明庆
杨国结	2 000	500	500	3 000	40	2 960	杨国结
合计	8 900	3 200	2 900	15 000	220	14 780	

表8-32 工资结算表

车间生产工人： 单位：元

姓名	基本工资	奖金	津贴	应付工资合计	代扣水电费	实发工资	签名
李永达	2 600	1 000	900	4 500	100	4 400	李永达
陈雄江	2 500	1 000	900	4 400	95	4 305	陈雄江
刘松仁	2 400	1 000	900	4 300	90	4 210	刘松仁
张云贵	2 300	1 000	900	4 200	85	4 115	张云贵
李小麦	2 200	1 000	900	4 100	80	4 020	李小麦
王宝石	2 100	1 000	900	4 000	75	3 925	王宝石
梁小环	2 000	1 000	900	3 900	70	3 830	梁小环
张成功	1 900	1 000	900	3 800	65	3 735	张成功
范红色	1 800	1 000	900	3 700	60	3 640	范红色
刘爱红	1 700	1 000	900	3 600	55	3 545	刘爱红
李莉莉	1 600	1 000	900	3 500	50	3 450	李莉莉
王洪风	1 500	1 000	900	3 400	45	3 355	王洪风
杜志向	1 400	1 000	900	3 300	40	3 260	杜志向
黄志愿	1 300	1 000	900	3 200	35	3 165	黄志愿
张冬天	1 200	1 000	900	3 100	30	3 070	张冬天
杨帆	1 100	1 000	900	3 000	25	2 975	杨帆
合计	29 600	16 000	14 400	60 000	1 000	59 000	

表8-33 借支单

年 月 日

借款人		部门		职务	
借款事由					
借款金额	人民币（大写）：				
核准					

表8-34 成品出库单(财会联)

2009年12月27日　　　　　　　　　　　　　　　　　　　　No: 22022

成品名称规格	计量单位	入库数量	备注
甲产品	包	3 500	

经手人：刘阳　　　　　　　　　　　　　　　　　　　　　　保管员：王维

表8-35 成品出库单(财会联)

2009年12月27日　　　　　　　　　　　　　　　　　　　　No: 22023

成品名称规格	计量单位	入库数量	备注
乙产品	包	4 000	

经手人：刘阳　　　　　　　　　　　　　　　　　　　　　　保管员：王维

表8-36 海州市增值税专用发票(记账联)　　　　　　　　No: 6085704

开票日期：2009年12月27日　　　　　　　　　　　　　　　单位：元

购货单位	名称	大地公司		纳税人登记号							4410050210							
	地址、电话	广州市 87500221		开户银行及账号							市工行天山路支行 0200668212							
商品或劳务名称	计量单位	数量	单价	金额							税率/%	税额						
				百	十	万	千	百	十	元	角	分		十	万	千	百	十	元	角	分
甲产品	包	3 500	20		7	0	0	0	0	0	0	0	17		1	1	9	0	0	0	0
乙产品	包	4 000	15		6	0	0	0	0	0	0	0	17		1	0	2	0	0	0	0
合计				¥	1	3	0	0	0	0	0	0		¥	2	2	1	0	0	0	0
价税合计(大写)		壹拾伍万贰仟壹佰圆整												¥152 100.00							
销货单位	名称	信达工厂		纳税人登记号							6666777788880000							
	地址、电话	广州市 87777796		开户银行及账号							市建行文二路办事处 888345678922							

填票人：　　　　　　　　　　收款人：　　　　　　　　　　　　　　开票单位：

表8-37 委托收款凭证(回单)1

委托日期：2009年12月27日　　　　　　　　　　　　　　　No: 1286

收款人	全称	信达工厂	付款人	全称	大地公司								
	账号或地址	888345678922		账号或住址	0200668212								
	开户银行	市建行文二路办事处	行号	3875		开户银行	市工行天山路支行			行号	0200		
托收金额	人民币(大写)：壹拾伍万贰仟壹佰圆整				千	百	十	万	千	百	十	元	角	分
						¥	1	5	2	1	0	0	0	0
款项内容	货款		委托收款凭证名称	专用发票	附寄单证张数			2张					
备注：			款项收妥日期：										
			年 月 日				付款人开户银行盖章：						

单位主管：　　　　　　会计：　　　　　　　　复核：　　　　　　　　记账：

表8-38　材料盘亏报告表

2009年12月29日

品名	计量单位	数量	单价/元	金额/元
1#材料	kg	200	5.00	1 000.00
合 计				1 000.00
盘亏原因	待查			
处理意见				

复核：刘小联　　　　　　　　　　　　　　　　　　　　　　　　　　　保管员：王维

表8-39　材料盘亏报告表

2009年12月30日

品名	计量单位	数量	单价/元	金额/元
1#材料	kg	200	5.00	1 000.00
合 计				1 000.00
盘亏原因	待查			
处理意见	王维赔偿600元，其余400元列作营业外支出处理			2009年12月30日

复核：刘小联　　　　　　　　　　　　　　　　　　　　　　　　　　　保管员：王维

表8-40　成品入库单（财会联）

2009年12月30日　　　　　　　　　　　　　　　　　　　　　　　　　No：8010

成品名称规格	计量单位	入库数量	备注
甲产品	包	4 100	

经手人：刘帆　　　　　　　　　　　　　　　　　　　　　　　　　　　保管员：王维

表8-41　成品入库单（财会联）

2009年12月30日　　　　　　　　　　　　　　　　　　　　　　　　　No：8011

成品名称规格	计量单位	入库数量	备注
乙产品	包	5 700	

经手人：刘帆　　　　　　　　　　　　　　　　　　　　　　　　　　　保管员：王维

表8-42　电费分配表

2009年12月31日　　　　　　　　　　　　　　　　　　　　　　　　　　　　单位：元

部门	应借科目	耗用量/度	单价	金额
生产车间	制造费用	3 000	0.80	2 400.00
行政部门	管理费用	750	0.80	600.00
合计		3 750		3 000.00

表8-43　委托收款凭证（付款通知）5

委托日期：2009年12月31日　　　　　　　　　　　　　　　　　　　　　　　No：12875

收款人	全称	海州市供电局			付款人	全称	信达工厂								
	账号或地址	0156643578				账号或住址	888345678922								
	开户银行	市工行西湖路办事处	行号	015		开户银行	市建行文二路办事处			行号			3875		
托收金额	人民币（大写）：叁仟伍佰壹拾圆整						千	百	十	万	千	百	十	元	角	分
										¥	3	5	1	0	0	0
款项内容	电费	委托收款凭证名称		专用发票		附寄单证张数	2张								
备注		款项收妥日期： 年　月　日					付款人开户银行盖章：								

单位主管：　　　　　　　　会计：　　　　　　　　复核：　　　　　　　　记账：

表8-44　海州市增值税专用发票（记账联）　　　　　　　　　　　　　　　　No：6085703

开票日期：2009年12月31日　　　　　　　　　　　　　　　　　　　　　　　单位：元

购货单位	名称	信达工厂			纳税人登记号					6666777788880000							
	地址、电话	广州市　87777796			开户银行及账号					市建行文二路办事处　888345678922							
商品或劳务名称	计量单位	数量	单价	金额							税率/%	税额					
				十	万	千	百	十	元	角	分		十	万	千	百	十	元	角	分
电力	度	3 750	0.80		3	0	0	0	0	0		17			5	1	0	0	0
合计				¥	3	0	0	0	0	0				¥	5	1	0	0	0
价税合计（大写）	叁仟伍佰壹拾圆整												¥3 510.00						
销货单位	名称	海州市供电局			纳税人登记号					4402042868428638									
	地址、电话	海州市西湖路20号　88822277			开户银行及账号					市工行西湖路办事处　0156643578									

填票人：刘明　　　　　　　　收款人：王明华　　　　　　　　　　　　　开票单位：

表8-45　固定资产折旧计算表

年　月　日　　　　　　　　　　　　　　　　单位：元

使用部门	月初原值	月折旧率	月折旧额
合计			

复核：　　　　　　　　　　　　　　　　　　　　　　　　　制表：

表8-46　发料凭证汇总表

领料单：　号至　号共　张　　　　年　月　日　　　　　　单位：元

用途＼材料名称	甲产品	乙产品		合计

复核：　　　　　　　　　　　　　　　　　　　　　　　　　制表：

表8-47　工资分配表

年　月　日　　　　　　　　　　　　　　　　单位：元

应借科目＼部门		车间	管理部门	合计
生产成本	甲产品			
	乙产品			
制造费用				
管理费用				
合计				

表8-48　应付福利费计提表

年　月　日　　　　　　　　　　　　　　　　单位：元

应借科目＼部门		车间		管理部门		合计
生产成本	甲产品	工资总额	14%	工资总额	14%	
	乙产品					
制造费用						
管理费用						
合计						

表8-49　费用摊销计算表

年　月　日

费用项目	应负担部门	本月摊销金额	备注
合计			

表8-50　制造费用分配表

年　月　日

项目	应借科目	分配标准	分配率	分配额
合计				

复核：　　　　　　　　　　　　　　　　　　　　　　　　　　　　制表人：

表8-51　完工产品成本汇总计算表

入库单：　号至　号共　张　　　　年　月　日　　　　金额单位：元

成本项目	甲产品（　）包		乙产品（　）包		合计
	总成本	单位成本	总成本	单位成本	
直接材料					
直接人工					
制造费用					
合计					

复核：　　　　　　　　　　　　　　　　　　　　　　　　　　　　制表人：

表8-52　应交所得税计算表

年　月　日

本月利润总额	所得税税率	应交所得税	备注

复核：　　　　　　　　　　　　　　　　　　　　　　　　　　　　制表人：

项目资料（九）

会计档案管理岗位实训资料

项目理论链接14：会计档案管理岗位实训目的

通过实训，学生能够掌握以下技能，能够胜任会计档案管理岗位的工作：

（1）掌握会计档案归集、编号、装订的方法；

（2）按要求填写会计档案封面、目录、备考表上的项目。

项目理论链接15：会计档案管理岗位的工作性质

会计档案管理岗位负责会计档案的立卷归档、保管和销毁等工作，其职责是保证会计档案完整、有序存放，方便查阅，严防毁损、散失和泄密。《中华人民共和国会计法》和《会计档案管理办法》是我国各单位对会计档案进行管理的法律依据。

项目理论链接16：会计档案管理岗位的业务范围和工作流程

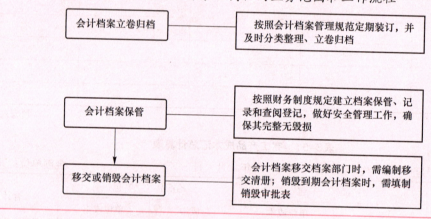

会计档案管理岗位实训资料：

（1）其他会计核算岗位实训形成的会计资料（会计凭证、会计账簿、财务会计报告、银行对账单等）；

（2）案卷封面；

（3）文件目录表；

（4）备考表。

会计档案管理岗位实训要求：

（1）将会计资料按类别归集，并给每个类别编制代号；

（2）为报表案卷编制卷内目录；

（3）编制案卷序号；

（4）编制案卷封面、卷内备考表；

（5）装订会计档案。